제니 정과 요한이 아빠의 크리스마스 이야기

제니 정과 요한이 아빠의 크리스마스 이야기

초판 1쇄 인쇄 2009년 11월 24일
초판 1쇄 발행 2009년 12월 01일

지은이 | 김 눈
펴낸이 | 손형국
펴낸곳 | (주)에세이퍼블리싱
출판등록 | 2004. 12. 1(제315-2008-022호)
주소 | 157-857 서울특별시 강서구 방화3동 822-1 화이트하우스 2층
홈페이지 | www.essay.co.kr
전화번호 | (02)3159-9638~40
팩스 | (02)3159-9637

ISBN 978-89-6023-304-1 03810

제니 정과 요한이 아빠의

김눈 지음

| 프롤로그 |

얼마 전 내가 다니는 교회에서는 매우 경이롭고 감동적인 음악 공연이 있었다.

그것은 국내는 물론 세계적으로도 많은 팬을 확보하고 있는 한 유명 바이올리니스트의 즉석 연주회였다. 평소 음악에 대한 관심이 많은 편이어서, 나는 괜찮은 - 클래식 공연이든, 대중음악 공연이든 - 공연이 눈에 띄면 이런저런 음악회장이나 콘서트 장을 자주 찾는 편이다. 하지만 맹세코 말하건대, 나는 그 어떤 음악회나 콘서트 장에서도 그날 본 음악 공연에서처럼 큰 감동과 감명을 받은 적이 없다. 세계 최고 수준의 유명 바이올리니스트인 제니 정의 흠 잡을 데 없이 훌륭한 연주도 연주였지만, 연주가 끝난 후 제니 정과 내가 가르치고 있는 한 장애 아동의 학부형이 (그날 우리 교회 안에 있었던 많은 사람들 앞에서 간증 형식으로) 들려준 놀랍고도 감동적인 신앙 고백 때문이었다. 그건 정말 크리스마스

에나 일어날 법한 기적 같은 이야기였다.

누구나 그러한 경험을 한번쯤 해봤을 것이다. 감명 깊게 읽은 책이나 공연을 감상한 뒤, 그 책이나 공연을 주변 사람들에게 권해 본 경험 말이다. 나 역시 그랬다. 그날 받은 감동과 은혜가 하도 커서 나는 내 주변 사람들은 물론, 기회가 있을 때마다 다른 여러 사람들에게 그날 일을 들려주곤 하였다. 그날 내가 느낀 가슴 찡한 감동과 기쁨을 다른 사람들에게도 고스란히 전해주고 싶은 마음에서 말이다. 하지만 나는 그 이야기를 더욱 많은 사람들에게 들려주고 싶은 욕심이 들었고, 급기야 나는 남들에게 보여주기 민망한 부끄러운 글 솜씨로나마 소설이라는 형태를 빌려 이런 글을 쓰는 만행(?)을 저지르게 되었다.(소설이라고는 했지만 사실 이 책에 쓰인 이야기는 소설이라는 이름을 붙이기보다는 차라리 짤막한 간증집이나 신앙고백서라고 하는 편이 더 어울릴지 모르겠다. 왜냐하면,

이 책에 쓰인 이야기는 이 책에 등장하는 두 사람의 주인공이 작년 크리스마스 이브에 겪은 리얼 100%의 이야기이고, 내가 여기 쓴 이야기는 그들이 들려준 그날의 이야기를 약간의 첨삭과 재구성을 한 것에 지나지 않으니까.)

마지막으로 독자 여러분들의 양해를 구하건대, 본업이 소설을 쓰는 작가가 아닌 만큼 내가 쓴 문장이며 이야기를 풀어가는 구성력은 전문 작가의 그것처럼 유려하고 프로페셔널하지 못하다. 하지만 온 누리에 하나님의 복된 말씀과 크신 사랑을 전달하고 싶은 그리스도인으로서, 그리고 이 사회가 좀 더 나보다 어렵고 외로운 이웃을 돌보고 관심을 가지는, 따뜻하고 정이 넘치는 사회가 되기를 바라는 한 사람의 대한민국 국민으로서 결국 이 이야기를 쓸 용기를 얻게 되었다. 그 점 독자 여러분이 널리 양해하고 너그럽게 읽어주기 바란다.

| 차 례 |

1부 · 제니정의 이야기

제니 정의 이야기

제가 오늘 하루 동안 겪은 여러 가지 일들과 사건들을 생각해보니, 새삼 하나님께서 살아계신다는 것을 절감하게 되네요. 그리고 하나님께서 우리 모두를 얼마나 아끼고 사랑하고 계신가 하는 것도요. 정말이지 하나님의 놀라운 은총이 아니라면 오늘 제 앞에서 벌어진 일련의 여러 가지 일들을 무슨 말로 다 설명할 수 있을지…….

오늘 새벽 저는 제가 묵고 있는 호텔 근처의 이 교회로 새벽예배를 나왔습니다. 할아버지 할머니, 아버지 엄마…… 몇 대째 내려오는 크리스천 집안이기는 하지만 솔직히 저는 평소엔 새벽 예배에 잘 참석하지 않아요. 제가 새벽 예배를 다닐 만큼 신실한 신자가 아니어서이기도 하지만, 사실 제가 나고 자란 미국이라는 나라에서는 새벽 예배라든가 철야 예배 같은 게 이곳 한국에서처럼 그리 보편적인 일은 아니니까요.

물론 저는 미국 교회가 아니라 한국 사람들이 다니는 한인 교회에 다닙니다. 그래서 가끔씩은 부모님을 따라 새벽 예배에 나가기도 하죠. 하지만 1년에 7~8개월 정도는 집을 비우고 세계 곳곳으로 연주 여행을 다니는 제 직업의 특성상 저는 새벽 예배는커녕 주일을 지키지 못하는 경우도 허다합니다. 이슬람 국가든 불교 국가든 저는 저의 음악을 원하는 관객이 있는 곳이면 어디든 달려가야 하는 바이올리니스트니까요.

그래요, 여러분들도 아시다시피 저는 바이올린을 연주하는 바이올리니스트입니다. 장영주, 그러니까 「사라 장」만큼 유명하진 않지만 굳이 클래식 팬이 아니더라도 제 이름과 얼굴은 그리 낯설지 않을 겁니다. 이런저런 지면이나 방송 등을 통해 저는 비교적 국내에서도 잘 알려진 음악가이니까요.

아무튼 저는 오늘 새벽 5시쯤 제가 묵고 있던 호텔 문을 나섰습니다. 한 손에는 성경책을, 그리고 다른 한손에는 바이올린 가방을 들고 말이지요. 호텔 앞에 있는 이 교회에서 새벽 예배를 본 뒤, 근처 지하철역에서 약간의 퍼포먼스를 할 심산으로 말이에요.

맞아요, 저는 오늘 나름대로 뜻 깊고 유익한 크리스마스 이브를 보내기 위해 다소 엉뚱한 계획을 세웠습니다. 지하철역에서 바이올린을 연주하는 것이었죠. 물론 사람들에게 제 신분과 얼굴을 감춘 채 말이지요. 저는 사람들에게서 저를 「바이올리니스트 제니 정」이 아닌, 그냥 바이올린을 전공하는 가난한 음악도나 거리의 악사쯤으로 여겨지기를 원했습니다.

왜 그런 엉뚱한 생각을 했냐구요? 하하, 글쎄요. 뭐라고 얘기해야 할까요? 원래 제가 다른 사람들과 비교해 호기심이랄까 모험심 같은 게 좀 강한 편이어서 곧잘 그런 엉뚱한 사고(?)를 치는 편이기는 합니다. 하지만, 아무래도 직접적인 계기는……, 몇 년 전 제가 존경하는 한 선배 연주자로부터 들은 이야기 때문일 겁니다. 어쩌면 여러분도 해외 토픽 같은 데서 그 기사를 봐서 알고 있을지 모르겠지만, 그 선배 연주자는(굳이 이름을 언급하지는 않겠습니다.) 몇 년 전 아주 흥미로운 퍼포

먼스를 했답니다. 뉴욕의 지하철역에서 연주를 하는 것이었지요. 지하철 이용객이 가장 붐비는 출근 시간에, 세계적인 바이올리니스트라는 자신의 신분을 숨긴 채 말예요. 물론 사람들은 그녀의 존재를 전혀 눈치 채지 못했죠. 이름을 듣거나 얼굴을 보면 누구나 알 법한 세계적인 바이올리니스트가, 그런 복잡하고 소란스럽기 짝이 없는 지하철역에서 거리 연주를 할 거라고는 누구도 퍼뜩 상상하기 힘들 테니까요.

암튼, 평소 제가 무척 존경하고 사랑하는 그 선배 연주자는 그때의 경험담을 들려주며 아주 신선하고 흥미로운 경험이었다고 자랑이 대단했었는데, 그 선배 연주자의 말을 들으며 저는 「기회가 되면 언젠가 나도 그런 경험을 한번 해봤으면 좋겠다!」라고 생각했었습니다. 항상 틀에 꽉 짜인 생활을 하는 탓에 개인적으로 그런 류의 – 「로마의 휴일」에 나오는 「햅번」처럼 말이죠! – 모험을 좋아하는 편이기도 하지만 나름대로 의미 있는 일이겠더라구요. 평소 클래식 음악을 접할 기회가 부족한 일반 서민들에게 클래식 음악의 아름다움을 일깨워주고, 또 제 바이올린 연주가 바쁜 일상에 지친 그들의 심신에 조그마한 위안이라도 된다면 얼마나 기쁜 일이겠어요?

그러나 그건 예정에 없던, 저도 잘 모르는 사이 내린 갑작스런 결정이었습니다. 「언젠가 기회가 닿으면 나도 그런 경험을 한번 해봐야 되겠다!」 생각은 했었지만, 향후 몇 년 뒤까지 조그만 시간도 뺄 수 없을 만치 빡빡하게 스케줄이 짜여 있는 저로서는 아무래도 그 일이 생각처럼 그렇게 쉬운 일은 아니었던 것입니다.

그것도 주님의 뜻이었을까요? 그런 일이 생기려고 그랬던지 저는 오늘 새벽 4시쯤 잠이 깨었습니다. 다음날과 다다음날(24, 25일) 있을 공연 때문에 호텔방에서 혼자 늦게까지 연습을(물론 호텔방에서 혼자 연습을 할 때면 저는 다른 투숙객들에게는 불편을 주지 않기 위해 바이올린에 끼워 쓰는 약음기를 사용합니다.) 한 후, 자정이 조금 지난 시각에 잠자리에 든 터라 아직 잠자리에서 일어날 시간이 아니었지만 왠지 모르게 일찍 잠이 깨지더군요.

뭐야? 아직 4시밖에 안 됐잖아. 머리맡에 놓인 물을 한 모금 마시고 저는 다시 잠을 청했습니다. 하지만 한번 달아난 잠은 좀체 다시 오지 않더군요. 호텔 앞을 조깅이라도 할까 싶었지만 아직 너무 이른 시각 같아 저는 호텔 방의 컴퓨터 앞에 앉았습니다. 마침 오늘이 크리스마스 이브여서 저는 자연스레 이런저런 기독교 관련 사이트를 뒤적이게 되었는데, 그러다가 저는 문득 한 블로그에 뜬 ○○교회와 ○○○목사님을 소개한 글을 읽게 되었습니다. 그 글을 읽으면서 저는 이 교회와 이 교회를 세운 목사님에 대해 적지 않은 감동을 받았습니다. ○○○목사님은 정말이지 놀라운 분이더군요. 여기 모이신 분들은 다 알고 계시겠지만 이 교회의 바로 턱 밑에는 소위 쪽방촌이라고 불리는 빈민 지역이 있습니다. 말 그대로 1, 2평 크기의 쪽방들이 다닥다닥 붙어있는, 병들고 가난한 사람들이 모여 사는 빈민 지역이죠. 그렇습니다. 그분은 사회로부터 소외된 그 쪽방촌 사람들을 위해 20여 년 전 이곳에 교회를 세우고, 이곳의 병들고 가난한 사람들을 위해 지금껏 예수님의 사랑을 실천하고 계신 분이었습니다.

이 교회에서는 정말 여러 가지 훌륭한 일을 많이 하더군요. 지하철역이나 공원 같은 데서 노숙을 하는 사람들을 위해 하루 세 끼 무료 급식을 하고, 노숙자의 자활과 사회 복귀를 위해 홈 리스의 집을 운영하기도 하고, 또 사정이 딱한 결손 가정이나 저소득층 자녀들을 위해 무료 어린이 선교원을 운영하기도 하고…….

나눔과 섬김으로 점철된 ○○○목사님의 삶을 보자, 저는 문득 제 자신에 대해 심한 부끄러움을 느꼈습니다. 내가 너무 나만 생각하고 살았구나, 주위를 돌아보지 못하고 나만 누리고 살았구나, 하는 생각에 말이지요. 물론 사회적으로 잘 알려진 유명 인사이니만큼 저는 나름대로 사회를 위해 좋은 일을 하려고 노력하고 있습니다. 실제로 저는 매년 이런저런 사회단체며 환경 단체에서 주최하는 자선 공연에 참여하기도 하고 얼마간의 돈을 기부하기도 합니다. 하지만 내 양심에 비추어 볼 때 그런 것은 그저 허울 좋은 전시용 행사에 다름 아니라는 자괴감이 들더군요.

아무튼 바로 그때! 저는 한동안 잊고 있던 그 생각을 떠올렸습니다. 앞서 말했던 그 선배 연주자처럼 지하철역에서 공연을 해야겠다는 생각을 말입니다. 일상에 지친 바쁜 사람들에게 제 바이올린 연주를 들려주고, 그 공연에서 얻은 수익을 불우이웃을 돕는 데 쓴다면 무척 값있고 보람 있는 일이 아닐까 하는 생각이 들었던 것입니다. 생각이 거기까지 발전하자 저는 한시 바삐 지하철역으로 뛰어가고 싶은 생각에 조바심이

났습니다. 하지만 아직 출근 시간이 되려면 몇 시간의 시간이 남아 있었고, 그래서 저는 그동안 블로그를 통해서 알게 된 이 교회를 찾기로 마음먹었던 것입니다. 크리스마스 이브인데다 마침 새벽 예배가 있는 날이어서 그동안 지은 죄도 주님 앞에 회개하고…… 교회를 찾기에는 더 없이 좋은 타이밍이더군요.

공교롭게도 쪽방촌과 교회는 제가 묵고 있는 호텔에서 그리 멀지 않은 곳에 위치해 있었습니다. 걸어서 겨우 10분 정도 거리밖에 안 되었습니다. 아직 시간적인 여유가 좀 있어서 저는 교회로 가기 전 쪽방촌 골목을 한번 휘둘러보았는데, 이 세상에는 정말 우리가 관심을 가져야할 힘들고 어렵게 사는 이웃들이 많다는 것을 새삼 절실하게 깨닫게 되더군요. 아시다시피 제가 묵고 있는 ㅇㅇ호텔 앞은 온갖 비까번쩍한 고층 빌딩들과 고급 상점들이 즐비합니다. 그런데 불과 도로 하나를 건너자 가난에 찌든 쪽방촌의 신산스런 풍경이 드러나더군요. 아직 채 날이 밝지 않은 이른 새벽이라 쪽방촌 풍경을 자세히 살펴볼 수는 없었지만 거미줄처럼 얽힌 좁고 더러운 골목이며 성냥갑처럼 다닥다닥 붙은 쪽방집들을 보자, 저는 저도 모르게 깊은 한숨이 내쉬어졌습니다. 그곳은 유니세프의 초청으로 언젠가 방문한 적이 있는 아프리카의 난민촌을 연상시킬 만큼 주거 환경이 열악했습니다.

저는 무거운 마음으로 쪽방촌을 나와, 쪽방촌 어귀에 자리 잡고 있는 ○○교회로 갔습니다. 평소 얼마나 사람이 모이는지는 모르겠지만, 본당 안에는 제법 많은 사람들이 모여 있었습니다. 저는 혹시 저를 알아보는 사람이 있을까 싶어 본당 한 구석의 후미진 곳에 자리를 잡고 예배를 보기 시작했습니다.

생각했던 대로 이 교회 목사님은 매우 훌륭한 분이신 것 같더군요. 설교 내내 가난하고 소외된 사람들에 대한 사랑과 나눔, 섬김, 희생, 봉사…… 등을 강조하셨는데, 그 분의 삶에 대해 어느 정도 듣고 와서인지 그 분의 말씀 하나 하나가 저를 부끄럽고 작게 만들더군요. 어머니 뱃속에서부터 예수님을 믿는 모태 신앙이지만 크리스천으로서 내가 한 일이 뭐가 있던가? 나름대로 성공한 삶을 살고 있고, 또 그만큼 사회에 공헌하고 기여하면서 살고 있다고 자부하고 있지만 나는 혹 나 자신의 개인적 성공과 쾌락만을 위해서만 살고 있지 않은가? 하나님의 크신 사랑이 아니면 내가 어찌 오늘날 세계적인 바이올리니스트로서 성공할 수 있었겠는가? 하는 의구심과 함께 저는 그동안 제 자신이 주님의 뜻과 너무 동떨어진 삶을 살았구나 하는 것을 깨달을 수 있었습니다.

아주 오랜만에 저는 주님 앞에 엎드려 저의 죄를 자복하고 회개했습니다. 눈으로 드러나지는 않지만, 주님 앞에서 저는 한없이 큰 죄인이었습니다. 주님의 뜻대로 살겠다고 맹세했지만 생각해 보면 저는 제 자신의 성공과 안일만을 위해 살아온 욕심쟁이였습니다.

예배가 끝난 뒤, 저는 요즈음 잘 느끼지 못했던 평안과 기쁨을 맛보면서 즐겁게 예배실을 나섰습니다. 요즈음 저는 뭔가 원인을 알 수 없이 답답하고 불안한 감정들을 느끼고 있었는데, 주님 앞에서 저의 허물을 고백하고 나니 체증처럼 제 가슴속을 짓누르고 있던 그러한 답답한 감정들이 후련하게 뚫리는 것 같았습니다.

현관 계단을 지나 교회 마당으로 막 내려설 때였습니다. 모자와 뿔테 안경으로 약간의 변장(?)을 하긴 했지만 사람들이 혹 절 알아보지 않을까 하는 생각에 서둘러 걸음을 옮기는데, 『저기, 잠깐만요!』 하고 누군가 뒤에서 저를 부르는 소리가 들렸습니다.

『?』

의아한 얼굴로 돌아보니, 30대 초반의 선한 인상을 가진 자매님 한 분이 제 야구모를 들고 제 앞으로 허겁지겁 쫓아왔습니다.

『이거 그쪽 거 맞죠?』

『아, 네! 고마워요.』

서둘러 나온다고 저는 그만 예배실에 벗어둔 모자를 깜박 잊고 안 가져 왔던 것입니다. 저는 혹시 그녀가 저를 알아보지 않을까 하는 마음에 황급히 모자를 눌러 썼습니다.

『우리 교회 처음 오시나 봐요? 못 보던 분 같은데…….』

『네, 여행을 왔다가…… 묵고 있는 숙소가 이 근처거든요…….』

『네에…….』

『교회 분위기가 좋네요. 목사님도 훌륭하신 것 같고…….』

교회 마당을 걸어 나오는 동안 그녀와 저는 교회와 성탄절을 화제로 약간의 대화를 나누었습니다. 그녀는 외모에서 느껴졌던 것처럼 무척이나 선하고 훌륭한 분이더군요. 그녀와의 짧은 만남 속에서 저는 다시 한 번 제 자신의 삶이 부끄러워졌습니다. 몇 분간의 짧은 만남이라 그리 많은 말들을 나눌 수는 없었지만, 그녀는 교회에서 운영하는 어린이 선교원의 교사로 근무하는 한편, 목사님을 도와 다른 많은 봉사자들과 함께 이 지역의 가난하고 불우한 이웃 주민들에게 여러 가지 자원봉사와 이웃 사랑을 실천하며 사시는 분이었습니다.

『아~그러시군요. 정말 좋은 일 많이 하시네요. 저도 자매님처럼 그렇게 살아야 되는데…….』

『아뇨, 부끄럽게 무슨 그런 말씀을…… 보기에만 그렇지 저도 하루하루 주님께 죄 짓고 사는 죄인인 걸요.』

『아뇨, 정말 훌륭하세요. 언제 기회가 된다면 저도 하루 정도 시간을 내서 자매님과 함께 자원 봉사를 해보고 싶네요. 무료 급식도 하고 장애아들도 돌봐주고…… 항상 생각은 있는데 그게 생각처럼 실천이 잘 안 되더라구요.』

『그러면 좋죠. 처음 한 번이 어려워서 그렇지 한 번만 해보시면 그 다음엔 쉬워요. 몸이 좀 힘들긴 해도 결코 돈으로는 살 수 없는 뿌듯함과 행복감을 느낄 수 있을 테니까요.』

『네에…….』

『참, 그러지 말고 혹시 오후에 시간 되시면 저희 교회로 다시

나오세요. 크리스마스 특별 감사 행사로 교회 내 찬양대회도 하고 또 이것저것 맛있는 음식도 많이 준비해두었으니까…… 오시면 무척 즐거우실 거예요. 꼭 오세요. 아셨죠?』

오후 7시에 예정되어 있는 공연만 아니라면 정말이지 그 자매님의 초대에 응하고 싶더군요. 자매님의 말처럼 무척 즐거울 것 같았습니다.

『저도 그러고 싶은데 그때 좀 중요한 약속이 있어서…… 아무튼 노력해 볼게요.』

그때서야 제 얼굴이 좀 낯익었던가 보았습니다. 그녀가 제 얼굴을 쳐다보며 머리를 갸웃거렸습니다.

『근데…… 혹시 전에 이 교회 다니시지 않았어요? 아무래도 어디서 몇 번 뵌 분 같은데…….』

『그래요? 제가 원래 그런 소리를 많이 듣는 편이에요…….』

의심을 사지 않게 대충 얼버무린 뒤, 저는 그만 가봐야겠다는 식으로 서둘러 작별 인사를 했습니다.

『저 그럼…… 전 바쁜 일이 있어서 이만…….』

『네, 만나서 반가웠어요. 즐거운 성탄 되세요.』

『자매님두요. 해피 크리스마스.』

교회를 나온 뒤, 저는 7시쯤 쪽방촌 앞의 지하철역 안으로 들어갔습니다. 지하철역 안으로 들어서는 순간, 저는 저도 모르게 커다랗게 한숨이 나왔습니다. 역 안은 등교하는 학생들과 출근하는 직장인들로 발 디딜 틈 없이 복잡하고 소란스러웠는데, 지하철 공연이 생각처럼 그렇게 쉽지 않을 거라는 건 어느 정도 예상하고 있었지만 막상 그곳에 도착해 보니 도무지 바이올린을 켤 엄두가 나지 않더군요. 어려서부터 수없이 많은 청중과 공연장에서 연주를 해온 저였지만 그처럼 소란하고 어수선한 공간에서 연주를 한 적은 그때껏 한 번도 없었으니까요.

하지만 칼을 뽑은 이상 뒤로 물러설 수는 없는 법. 저는 심호흡을 크게 몇 번 한 후, 지하철 한편의 빈 공간에 자리를 잡고 바이올린을 켜기 시작했습니다. 바흐를 시작으로 저는 몇몇 소품들을 잇따라 연주하기 시작했는데, 제 주위를 지나다니는 사람들이 평소 제 연주회장을 찾은 청중들처럼 열렬한 박수와 환호를 보내줄 거라 생각한 것은 아닙니다만, 사람들의 반응은 제 생각보다 훨씬 실망스러운 것이었습니다. 먹고 살기 바빠 정서가 메말라서인지, 아니면 평소 클래식에 대해 이해가 부족한 서민들이어서 그런지, 그것도 아니면 제 연주가 형편없다고 여겨져서인지는 알 수 없습니다만, 마치 동물원의 원숭이 보듯 신기한 눈으로 저를 바라보며 지나갈 뿐 누구 하나 제 연주에 진지하게 귀 기울여 주지 않았습니다. 물론 바이올린을 켜는 제 모습에 저를 가난한 음대생이나 길거리 연주자쯤으로 생각하고 제 바이올린 케이스에 몇 푼의 돈을 던져 넣고 가거나 제 앞에 잠깐 멈춰 서서 음악을 경청하는 사람도 없지는 않았습니다. 하지만 그들도 대부분 1분을 채 견디지 못하고 총총 걸음을 옮기고 말더군요. 사람들의 정서가 이렇게 메말랐나? 차라리 안경과 모자를 벗고 내 얼굴을 공개할까? 그럼 사람들이 나를 알아보고 좀 더 즐겁고 행복하게 음악을 즐기지 않을까? 저는 혼자 그런 생각들을 하며 계속 연주를 이어

나갔습니다.

몇몇 곡을 연주하면서 확실히 클래식 음악이란 대중과 너무 동떨어져 있다는 생각이 들더군요. 멘델스존과 브람스 같은 대중들에게 다소 생소하게 여겨질 수 있는 클래식 음악을 연주한 뒤, 저는 날이 날인만큼 존 뉴톤이 지은 「어메이징 그레이스」(아시다시피 그 곡은 노예 상인이었던 존 뉴톤이 바다에서 거센 폭풍우를 만나 천우신조로 목숨을 건진 뒤, 자신의 죄를 회개하고 지은 찬송곡으로 굳이 크리스천이 아닌 일반 대중들에게도 잘 알려진 곡이죠.)를 연주했는데, 그 곡을 연주하자 앞서 제가 연주했던 어떤 곡들보다 더 사람들의 반응이 뜨거웠던 것입니다. 대중들에게 친숙하지 않은 다른 클래식 곡들을 연주할 때와는 달리, 제 바이올린 케이스 속으로 돈을 던져 넣고 가는 사람들의 수도 눈에 띄게 많았고 제 바이올린 소리에 귀를 기울이는 사람도 훨씬 많았습니다.

그러나 무엇보다 저를 기쁘게 했던 건 어디선가 갑자기 제 앞으로 나타난 두 명의 노숙자들 때문이었습니다. 30대 후반과 40대 후반쯤으로 보이는 남자들로, 저는 그들이 그 지하철역 주변에서 노숙을 하는 노숙자임을 한눈에 알아볼 수 있었습니다. 때에 전 옷과 얼굴, 이른 아침인데도 불구하고 술에 찌들어 퀭한 눈빛…… 등등으로 인해 말이지요.

처음 그들이 제 앞으로 다가왔을 때만 해도 저는 약간 겁을 집어 먹었습니다. 혹시 저에게 무슨 해코지나 하지 않을까 하고요. 기우였습니다. 저는 이내 저의 그런 편견을 부끄러워해야 했습니다. 그들은 그때껏 보았던 청중들 중에 가장 순수하고 열정적인 청중들이었습니다. 글쎄, 전에 교회에 다닌 적이라도 있는지 어떻게 「어메이징 그레이스」가 「나 같은 죄인 살리신」이라는 찬송가와 같은 곡이라는 걸 알고는 제 바이올린 연주에 맞춰 『나 같은 죄인 살리신 주 은혜 놀라와~』하고 찬송을 흥얼거리는 게 아니겠습니까? 그러더니 급기야 한 사람은(나이가 많은 쪽) 바이올린 선율을 따라 노래를 읊조리다가 감동을 받았는지 어린아이처럼 훌쩍훌쩍 눈물을 흘리기까지 하지 뭡니까!

아아, 그때의 감동이라니요! 그동안 전 세계를 돌며 수없이 많은 공연을 펼쳤지만 그때처럼 보람 있고 뿌듯한 기분이 들었던 적도 별로 없었던 것 같습니다. 조금은 극단적인 표현인 것 같습니다만, 저는 이때껏 저의 음악을 비교적 사는 게 넉넉

한 중산층이나 부자들을 위하여 들려주었지 그 노숙자들처럼 가난하고 헐벗은 사람들을 위해 연주한 적도, 그리고 그들에게 어떤 감동을 준 경험도 없으니까요. 그래요, 저는 그 노숙자들을 보며 주님께 기도했습니다. 주님, 주님의 그 놀랍고 위대한 사랑의 손으로 저 형제님의 아픔을 어루만져 주세요. 저들처럼 가난하고, 병들고, 상처 입은 사람들을 위해 주님의 놀라운 은총이 온 누리에 가득하기를요…….

충동적이고 즉흥적인, 저의 다소 천둥벌거숭이 같은 천성 덕분에 갑작스러운 지하철 공연을 펼치긴 했지만 저는 공연 시작 전「내가 과연 잘할 수 있을까?」하는 걱정이 컸었습니다. 하지만 주님의 보살핌 덕분에 저는 한 시간 남짓 되는 저의「깜짝 이벤트」를 무사히 끝마칠 수 있었습니다.

연주를 끝내자마자 저는 역 한편에 마련된 플라스틱 의자에 앉아 잠깐의 휴식을 취하며 오늘의 공연 수익금을 세어 보았습니다. 동전과 지폐 포함해서 대략 1만 6천 원 정도의 돈이었는데, 저는 생전 그런 큰돈을 만져 본 적이 없는 사람처럼 기뻤습니다. 물론 그건 제가 평소 먹는 한 끼 식사비도 채 안 되는 작은 돈이었습니다. 하지만 그 돈은 저에게 있어 어떤 많은 돈보다 뜻 깊고 값진 돈이었습니다. 돈이란 때때로 금액의 많고 적음을 떠나, 그 돈을 어떤 방식으로 어떻게 벌었고 어떻게 쓰느냐 하는 것에 따라 그 가치가 하늘과 땅 차이로 달라지는 것이니까요.

공연 수익금을 코트 주머니에 정성스레 챙긴 뒤, 저는 서둘러 바이올린 가방을 들고 자리에서 일어섰습니다. 제가 너무 예민한 걸까요? 괜한 의심일는지는 몰라도 아까 보았던 두 사람의 노숙자중 어딘가 정신에 살짝 문제가 있어 보이는(더군다나 알코올중독인지 아침부터 술까지 취해 있었습니다.) 젊은 노숙자가 왠지 저에게 무슨 해코지를 할 것처럼 불안하게 느껴졌던 것입니다. 무슨 까닭인지 그 남자는 아까부터 계속 돈을 세는 저를 힐끔힐끔 보며 제 주위를 얼쩡거리고 있었습니다.

제 판단이 옳았습니다. 제 돈이 탐이 났던 걸까요? 바이올린 가방을 어깨에 둘러메고 서둘러 역 출구 쪽으로 걸음을 옮기는데, 그 노숙자가 제 곁으로 어슬렁거리며 다가오더니 까마귀처럼 때가 낀 손을 불쑥 내미는 것이었습니다.

『아가씨 나 돈 좀 줘.』

『네?』

『밥 사먹게 5천 원만 달라고!』

곱게 이야기했으면 5천 원이 아니라 공연 수익금 전부를 줄 수도 있었습니다. 어차피 그 돈은 교회나 구세군의 자선냄비에 불우이웃돕기 성금으로 기부할 작정이었으니까요. 하지만 그 남자의 행동은 너무도 무례하고 불쾌한 것이었기 때문에 저는 단돈 500원도 줄 생각이 없었습니다.

『취하신 것 같은데…… 비켜주세요.』

애써 어색한 미소를 지은 후, 저는 그 남자를 피해 출구 쪽으로 빠르게 걸어갔습니다.

바로 그때였습니다. 불쾌한 얼굴로 뭐라뭐라 구시렁거리며 제 뒤를 따라오던 그 노숙자가 뒤에서 내 팔을 확 낚아챔과 동시에 저를 확 떠미는 바람에 저는 그만 지하철 바닥에 털썩 넘어지고 말았습니다.

『어멋!』

바로 그 순간이었습니다. 그 노숙자가 제 바이올린을 훔쳐 달아난 것은!

『……!』

너무도 놀라고 순식간에 벌어진 일이라 저는 바이올린을 옆구리에 꿰찬 채 달아나는 노숙자를 보면서도 몇 초 동안 아무 말도 뻥지 못했습니다. 뭔가에 얻어맞은 것처럼 머릿속이 하얘지는 게 순간적으로 아무 생각도 나지 않았습니다.

『도, 도둑이야!』

제가 겨우 그렇게 소리친 것은 그 노숙자가 벌써 저만치 달아난 뒤였습니다.

『도둑이야! 도둑! 저 사람 좀 잡아주세요!』

주변을 스쳐가는 사람들에게 도움을 요청했지만, 다들 멀뚱멀뚱 쳐다보기만 할 뿐 누구 하나 선뜻 나서서 도와주는 사람이 없더군요.

『거기 서! 거기 서란 말이에욧!』

발을 동동 구르며 어쩔 줄 몰라 하던 저는 마침내 죽을힘을 다해 저 멀리 달아나고 있는 노숙자의 뒤를 쫓기 시작했습니다.

그러나 저는 결국 그 노숙자를 놓치고 말았습니다. 지하철역 계단을 오를 때까지는 젖 먹던 힘을 다해 용케 뒤쫓았지만 지하철역 출구 앞에서 그만 노숙자의 행방을 놓치고 말았던 것입니다. 마침 지나가던 남자가 있어 저는 숨을 헐떡이며 물었습니다.

『아저씨…… 헉헉…… 혹, 혹시…… 방금 바이올린…… 들고 달아나는 사람 못 보셨어요?』

『왜요? 뭣 땜에 그러시는데요? 방금 이쪽으로 한 사람이 황급히 뛰어가긴 했는데…….』

지나가던 남자가 인도 옆으로 보이는 차도를 가리켰습니다. 하지만 그 노숙자는 그 새 차들이 줄을 지어 달리는 차도를 가로질러 반대편 길의 어딘가로 사라져 버리고 없었습니다.

『어, 어디로 갔지? 방금 저쪽으로 뛰어갔는데…….』

맙소사! 오 마이 갓! 바이올린을 잃어버렸다는 충격에 저는 갑자기 극도의 흥분과 스트레스로 머리가 어지러웠습니다. 그리고 저는 저도 잘 알 수 없는 사이, 호흡이 곤란해지는 것과 동시에 무릎이 푹 꺾이는 것을 느끼며 그만 까무룩 정신을 잃고 말았습니다…….

제가 정신을 차린 것은 그로부터 1시간쯤 뒤인 근처 한 종합 병원의 응급실에서였습니다. 눈을 떠보니 제 머리 위에는 큼지막한 링거 병이 매달려 있었고, 간호사 한 명이 저의 혈압과 맥박수 따위를 체크하고 있는 중이었습니다.

『바이올린! 내 바이올린! 제 바이올린 어딨어요?』

눈을 뜨자마자 저는 경기를 일으키듯 침대에서 벌떡 몸을 일으켰습니다.

『옛? 바이올린요?…… 환자분 흥분하지 말고 찬찬히 말씀해 보세요. 바이올린이라니 무슨…….』

간호사의 얘긴즉, 제 바이올린에 대해서는 들은 적도 본 적도 없다는 것이었습니다. 자기가 알고 있는 건 무슨 까닭에선지 제가 갑자기 길바닥에서 정신을 잃고 쓰러졌고, 누군가 정신을 잃은 저를 위해 119로 신고를 했고, 신고를 받고 출동한 119구급대원들에 의해 병원으로 실려 온 것뿐이라고 했습니다.

오 마이 갓! 지저스! 저는 미칠 것 같은 불안감과 당혹감에 휩싸여 제 팔뚝에 꽂혀 있는 링거 줄을 떼어내고 침대에서 뛰어내렸습니다. 바이올린을 도난당했다는 충격 탓에 아직 머리가 띵하고 어지러웠지만 저는 한가하게 병원 침대에 누워 있을 형편이 못 되었습니다. 알만한 분은 다 아시겠지만 제가 잃어버린 악기는 보통 악기가 아니었습니다. 세계에서 가장 명성이 – 과르니에리 델 제수와 함께 – 높은 명품 중의 명품 악기였습니다.

스트라디바리우스! 그래요, 그 악기는 18세기 초에 제작된, 수백만 불을 호가하는 악기였습니다. 이탈리아의 바이올린 마스터 「안토니오 스트라디바리」가 직접 제작한 악기죠.

저는 어떻게든 제가 잃어버린 악기를 다시 찾아야 했습니다. 아파트 몇 채 값을 호가하는 비싼 악기 값도 값이지만 그 바이올린은 거의 저의 분신이라고 해도 좋을 만한 악기였습니다. 제가 그 악기를 지닌 지도 벌써 10년 세월이 훌쩍 넘었고, 그 동안 제가 이룩한 훌륭한 음악적 성과도 모두 그 악기와 함께 이룩한 것이니까요. 게다가 당장 오늘 저녁과 내일 저녁 「○○의 전당」에서 있을 공연은 어떻게 한단 말입니까? 그리고 그 뒤를 이어 향후 3, 4년 동안은 거의 하루도 제대로 쉴 틈 없이 빽빽하게 들어찬 연주 일정들과 녹음 일정 등은?

무슨 일이 있더라도 그 바이올린을 다시 찾아야 했습니다. 침착하자구, 침착. 호랑이한테 물려가도 정신만 차리면 된다는 속담도 있잖아. 저는 도망치듯 병원을 나오며 어떻게 하면 그 도둑놈을 잡을 수 있을까 생각해 보았습니다. 제일 먼저 떠오른 것은 경찰서였습니다. 하지만 저는 이내 고개를 저었습니다. 경찰서에 가면 부득불 제 이름과 신상이 밝혀질 테고, 그러면 경찰서에서 죽치고 있는 사회부 기자들에 의해 제가 바이올린을 도둑맞았다는 사실이 언론에 까발려져질 수도 있을 테니까요. 저는 이 사건으로 인해 언론의 괜한 구설수와 입방아에 오르내리는 걸 원치 않았습니다.

어떻게 하면 좋지? 어떻게 하면……? 그러다가 저는 문득 줄리아드 시절 저와 함께 공부하던 미현의 오빠가 서울 지검의 검사로 있다는 사실을 생각해 냈습니다. 미현의 소개로 저는 언젠가 미현과 함께 그녀의 오빠와 식사를 한 적도 있는 사이였습니다.

저는 미국의 한 유명 오케스트라에서 활동하고 있는 미현에게 전화를 걸어 그녀의 오빠와 연락할 수 있는 전화번호를 물었습니다.

『우리 오빠 폰 번호? 갑자기 우리 오빠 전화번호는 왜?』

『글쎄, 빨랑 전화번호나 좀 가르쳐줘! 나중에 내가 다 설명해 줄게.』

평소 제 팬이었던 미현의 오빠는 고맙게도 제 전화를 받자마자 제가 있는 커피숍으로 달려나와 주었습니다.

『바쁘실 텐데 죄송해요. 갑자기 이렇게 불러내서…….』

『별 말씀을…… 근데 정말 무슨 일이에요? 제니 씨 같이 바쁜 분이 저 같은 사람한테 전화를 다 주시고…… 그렇지 않아도 오늘 제니 씨 연주회에 가려고 표까지 예매해 뒀는데…….』

『실은…….』

저는 몇 분에 걸쳐 미현의 오빠에게 사건의 개요와 자초지종을 설명했습니다.

『맙소사! 어떻게 그런 일이…….』

『그러게 말이에요. 저도 저한테 이런 말도 안 되는 상황이 생길 줄은…… 아, 어떡하죠? 만약 바이올린을 영영 못 찾게 되면…….』

『음……, 너무 상심하지 마세요. 제가 어떻게든 책임지고 제니 씨 바이올린 찾아드릴게요.』

『정말요? 정말 그래 줄 수 있어요?』

『네. 제니 씨 얘기 들어보니까 아무래도 그 역 주변에서 생활하는 노숙자가 막걸리 값이라도 하려고 훔쳐간 것 같은데…….』

장담할 순 없지만, 노숙자의 활동 무대며 인상착의를 아니까 수사관들 몇 동원해서 탐문하면 금방 그 노숙자를 찾을 수 있을 것 같다고 하더군요.

『정말이죠? 제발 좀 그렇게 좀 해주세요. 오빠는 아시죠? 그 악기가 저한테 얼마나 귀하고 소중한 악긴지…….』

『염려 마시고 제니 씬 일단 숙소로 돌아가서 좀 쉬세요. 안색이 너무 안 좋아요.』

미현 오빠의 말을 들으니 미칠 것같이 초조하고 불안했던 마음이 다소 안정이 되더군요. 하지만 저는 호텔로 돌아가서 쉬고 있으라는 미현 오빠의 말을 거절하고 미현 오빠와 함께 사건 현장으로 달려갔습니다. 바이올린을 잃어버렸다는 쇼크 때문에 여전히 다리가 후들후들 떨리고 머리가 어지러웠지만 그 상황에서 호텔로 갔다가는 머리가 어떻게 돼 버릴 것 같았으니까요.

역시 대한민국 검사의 파워는 우습게 볼 것이 아니더군요. 사건 현장인 지하철역으로 가는 도중 미현 오빠는 어딘가로 전화를 해서 수사 협조 요청을 했는데, 전화를 끊기가 무섭게 몇 명의 경찰과 검찰 수사관들이 저와 미현 오빠를 도우러 달려왔습니다. 미현 오빠로부터 사건의 정황을 전해들은 수사관들은 그 노숙자의 행방을 찾기 위해 지하철역과 그 주변 일대를 쑤시고 다녔는데, 조사를 나간 지 두세 시간 만에 그 노숙자를 잡아 제 앞으로 끌고 왔습니다.

『제니 씨 이 사람 맞아요? 제니 씨 바이올린을 강탈해 간 사람이?』

미현 오빠인 황 검사가 경찰에게 잡혀 온 노숙자를 가리키며 물었습니다.

『네, 맞아요. 이 사람!』

저는 뛸 듯이 기뻤습니다. 그 사람은 분명 제 바이올린을 훔쳐 달아난 그 노숙자였습니다. 그러나 어찌된 셈인지 그 남자의 손에는 제 바이올린이 들려져 있지 않았습니다.

『아저씨 제 바이올린 어쨌어요? 제 바이올린 말예요!』

저는 그 노숙자의 팔을 붙잡고 다그쳐 물었습니다.

『몰라요! 난 그냥 그 사람이 달라고 해서 준 죄밖에 없어요! 정말이에요.』

『네? 그게 무슨 말이에요? 똑똑히 얘기해 봐요. 어쨌냐구요, 제 바이올린!』

『그게…… 그 친구가 바이올린 주인한테 돌려준다길래…… 하여튼 난 그냥 그 남자한테 2만원 받은 죄밖에 없어요! 난 죄

없다구! 난 그냥 좋은 마음으로 바이올린을 넘겨줬을 뿐이라구요!』

『글쎄 그 사람이 누군데요? 도대체 누구한테 바이올린을 줬단 말에요? 자세하게 설명해 봐요, 빨랑.』

술에 취해 횡설수설하는 노숙자의 말을 들으며 저는 눈앞이 아뜩했습니다. 어처구니없게도 그 새 제 바이올린은 그 노숙자의 손을 떠나, 한 정체 모를 남자의 손으로 넘어가버렸던 것입니다.

……이름도 성도 알 수 없는 제3의 인물이 제 바이올린을 들고 사라졌다는 사실을 안 후, 저는 하나님을 찾는 수밖에 없었습니다. 하나님에게 기도를 올릴 일 밖에 달리 제가 무엇을 할 수 있었겠습니까? 그저 하나님이 보우하

사 제 바이올린을 들고 사라진 그 남자가 나쁜 마음을 먹지 않고 제 앞에 무사히 바이올린을 들고 나타나주길 바랄 뿐이었지요.

물론 그렇다고 맥없이 하나님의 보살핌을 기다리고 있지만은 않았습니다. 패닉 상태에 빠져 반쯤 넋을 놓고 있는 저를 대신해 황 검사는 바이올린을 찾기 위한 수사를 계속했지요. 노숙사에게서 바이올린을 가로채 간 남자의 인상착의며 바이올린을 건네주게 된 정황을 캐묻기도 하고, 사건이 발생했던 그 지하철역 입구로 가서 주변 상인들을 상대로 탐문을 하기도 하고 말입니다.

하지만 그 남자의 행방을 찾는 일은 묘연한 일이었습니다. 그 지하철역 앞은 하루에도 수만 명의 사람들이 지나다니는 복잡한 장소였고, 변변한 사진 한 장 없이 노숙자가 설명하는 인상착의만으로 그 의문의 사나이를 찾는 일은 거의 사막에서 바늘을 찾는 일 만큼이나 막막한 일이었으니까요.

『일단 호텔로 돌아가서 좀 쉬시죠. 얼굴이 백짓장처럼 하얀게…… 계속 여기 있다간 바이올린을 찾는 것보다 제니 씨가 먼저 어떻게 되겠어요.』

저는 황 검사의 말을 따라 일단 호텔로 돌아가기로 했습니다. 그 사이 시계 바늘은 빠르게 움직여 이제 오후 2~3시를 향해 달려가고 있었고, 그때껏 제가 어디론가 사라져 연락이 안 되자 제가 들고 있는 휴대폰은 저를 찾는 어머니와 매니저, 그리고 이런저런 공연 관계자들의 전화로 거의 배터리가 터져버릴 지경이었으니까요. 그때까지는 저도 어떻게든 바이올린을 찾아 오늘 저녁에 있을 공연에 지장을 주지 않을 생각이었습니다만, 이제는 더 이상 숨길 상황이 아니었습니다. 이제는 1년 365일 뒤에서 저를 따라다니며 제 뒷바라지를 해주시는 저의 어머니와 매니저에게 바이올린을 잃어버렸다는 사실을 털어놓고 오늘 내일 예정되어 있던 공연의 취소와 바이올린을 잃어버림으로 해서 향후 일어나게 될 그 밖의 다른 여러 가지 일들의 대책을 강구해야 할 상황이었습니다.

『오 하나님 맙소사! 도대체 어쩌다가!』

예상했던 대로 어머니와 매니저는 바이올린을 잃어버렸다는 제 얘기에 거의 기절이라도 할 것 같은 모습이더군요. 하지만 바이올린을 잃어버림으로써 가장 충격을 받고 애를 태우는 사람은 저라는 걸 누구보다 잘 알기에 어머니와 매니저는 저를 그렇게 크게 나무라거나 혼내지는 않았습니다. 속이야 저처럼 속이 속이 아니겠지만 두 분 다 불행 중 다행이라는 식으로 저를 위로하더군요. 어쨌든 저는 바이올린을 잃어버렸을 뿐, 강도에게 어떤 신체상의 상해를 입지는 않았으니까 말이지요.

매니저와 저는 1시간여의 논의 끝에 오늘 공연을 취소하기로 결론지었습니다. 저의 공연을 관람하기 위해 오랫동안 기다려온 팬들에게는 대단히 죄송한 일이지만, 여러 가지 상황(억지로라도 하자면 다른 연주자의 바이올린을 빌려서 무대에 설 수도 있겠지만, 지금의 불안하고 초조한 제 심리 상태로는 도저히 불가능했습니다.)들을 고려할 때 아무래도 오늘 연주는 힘들 것 같았습니다.

그때였습니다. 매니저와 함께 공연 주최 측과 이런저런 비즈니스적인 관계에 있는 공연 관계자들에게 부득이한 사정으로 공연을 취소할 수밖에 없음을 통보하고 있는데, 제가 묵고 있는 호텔로 한 통의 전화가 걸려 왔습니다.

『제니 씨? ……당신의 바이올린은 제가 잘 보관하고 있으니 너무 걱정 마십시오. 그보다 제가 이렇게 전화를 드린 건…….』

바로 그 남자였습니다. 노숙자가 훔쳐간 바이올린을 중간에서 가로채 갔다는 그 남자 말입니다. 노숙자의 말에 의하면 그 남자는 어떻게 알았는지 노숙자가 바이올린을 훔쳤다는 사실을 알고는 노숙자에게서 제 바이올린을 빼앗아갔다는 것이었습니다. 주인을 찾아준다는 핑계로 동냥하듯 만 원짜리 두 장을 던지고는 말이지요.

그 남자의 목소리가 흘러나오는 수화기에다 대고 연신 머리를 조아리긴 했지만, 전 그 남자의 죄를 절대 용서하지 않을 생각이었습니다. 돈이 얼마나 필요했는지는 모르지만 우연찮은 기회로 손에 넣게 된 제 바이올린을 미끼로 저에게 그런 거액의 돈을 요구하는 건 분명 어린아이를 유괴한 유괴범처럼 비열하고 야비한 범죄였으니까요. 더욱이 그 협박범은 그 바이올린이 시가로 몇 백만 불에 달하는 명품 바이올린이라는 것과 제 존재에 대해서도 훤히 꿰뚫고 있는 것 같았습니다. 제 판단이 틀리지 않다면 그 협박범은 클래식 음악에 어느 정도 기본적인 소양이 있는 사람인 것 같았고, 그 협박범이 쓰는 말투나 어휘로 볼 때 그 협박범은 어느 정도 배움이 많은 사람 같았습니다. 그래서 더 괘씸했습니다. 그저 막걸리 값이나 하려고 바이올린을 강탈해 간 노숙자와는 달리 그 남자는 제 바이올린의 값어치를 알고 결코 저질러서는 안 될 파렴치한 범죄를 저지르고 있는 중이었으니까요.

『……돈을 준비하려면 약간의 시간이 필요할 테니까 딱 하루의 시간을 드리겠습니다. 그리고 미리 경고하는데, 경찰에게 신고한다든가 하는 그런 어리석은 행동은 삼가하십쇼. 그렇게 되면 제가 보관하고 있는 이 악기를 다시는 못 보게 될 테니까. 그럼 곧 다시 연락드리겠습니다…….』

그 협박범의 전화 후, 저는 곧장 몇몇 수사관들과 함께 바이올린을 들고 사라진 남자의 행방을 쫓고 있을 황 검사에게 전화를 걸었습니다.

『뭐라구요? 그 남자에게서 협박 전화가 왔었단 말이죠? 알았어요, 지금 당장 그쪽으로 갈게요.』

호텔에 도착한 황 검사는 우선 통신 회사로 전화번호 조회부터 하더군요. 하지만 예상대로 그렇게 허술한 협박범은 아니었습니다. 호텔로 걸려온 전화번호를 조회 해 본 결과, 그건 일반전화나 휴대폰으로 건 게 아니라 한강변의 어느 공중전화부스에서 걸려온 걸로 밝혀졌으니까요.

『뭐……, 다른 말은 없었어요? 다시 한 번 잘 기억해보세요. 혹시 통화 중에 어떤 단서가 될 만한 말 같은 걸 흘린 게 없는지 말이에요…….』

『글쎄요, 워낙 떨리고 경황이 없는 바람에 잘 기억이…….』

그때 언뜻 제 머리를 스치고 지나가는 생각이 있었습니다. 도둑이 들려면 개도 짖지 않는다는 속담처럼 저는 왜 미처 그 남자를 생각하지 못했을까요? 정신을 잃기 전, 제가 잠깐 노숙자의 행방을 물었던 그 남자 말입니다.(경황이 없어 그냥 흘려듣고 말았지만, 그러고 보니 노숙자가 언급한 남자의 인상착의가 제가 만났던 그 남자와 얼추 비슷한 것 같았습니다.) 그래요, 다른 사람이 119로 신고를 했을 수도 있지만 어쩌면 그 남자가 119로 신고를 했을지도 모른다는 생각이 들었습니다. 그리고 노숙자에게서 바이올린을 가로채간 제3의 인물이 바로 그 남자가 아닐까 하는 의심이! 만약 그 남자가 119로 신고를 했다면 119구급대에는 당연히 그 남자의 휴대폰 번호가 기록되어 있을 테고, 만약 사실이 그러하다면 그 남자를 잡는 건 시간문제일 테니까요.

황 검사는 119 구급대의 협조를 구해 신고자의 이름과 휴대폰 번호를 알아냈습니다. 아직 바이올린을 가로챈 그 남자가 제가 병원으로 호송될 수 있도록 신고한 사람과 같은 인물인지는 확실치 않았습니다. 하지만 다른 여러 가지 정황들과 여자만이 느낄 수 있는 어떤 육감 같은 걸로 유추해볼 때 두 사람은 아마도 동일한 인물 같았습니다.

『될 수 있는 한 최대한 길게 통화할 테니까 잘 들어보세요! 그 사람이 맞는지 아닌지…….』

황 검사가 잘못 건 전화를(스피커폰을 이용해 제가 그 남자의 목소리를 들을 수 있게 해주었습니다.) 가장해 확인해 보니 그 남자가 맞더군요.

『맞아요! 바로 이 목소리였어요. 바로 이 남자예요.』

『확실해요? 잘못 들을 수도 있으니까 다시 한 번 더 들어보시죠?』

황 검사가 녹음되어 있는 그 남자의 목소리를 다시 한 번 들려주었습니다.

『맞다니까요. 틀림없이 이 남자가 그 협박범이에요.』

『오케이! 이제 범인을 잡는 건 시간문제예요.』

황 검사는 곧장 용의자가 가입해 있는 이동 통신사로 전화를 걸어 수사의 협조를 부탁했습니다. 휴대폰 가입자의 이름이라든가 집 주소 같은 정보를 알아내는 한편, 인공위성을 통해 현재 용의자가 머물고 있는 곳의 위치 추적을 하기도 하고 말입니다.

협박범의 집 주소를 안 순간 저는 적이 놀랐습니다. 세상 참 좁다더니 새삼 그 말을 실감하겠더군요. 글쎄, 공교롭게도 그 협박범이 사는 곳이 제가 오늘 새벽에 잠시 들렀던 쪽방촌 동네지 뭐겠습니까!

아무튼 이제 그 협박범을 잡는 건 시간문제일 것 같았습니다. 바보가 아닌 이상 제가 이미 경찰에 신고를 했고 경찰이 비밀리에 노숙자와 자신의 행방을 쫓고 있다는 사실은 어렴풋이 눈치 채고 있겠지만, 그 남자의 휴대폰이 여태 멀쩡히 켜져 있는 걸로 보아 그 남자는 아직 자신의 이름과 휴대폰 번호가 노출되었고, 따라서 자신의 바로 등 뒤에까지 수사관들이 바짝 쫓아 와 있다는 것을 까마득히 모르고 있는 눈치였으니까요.

마침내 이동 통신사로부터 그 남자가 현재 머물고 있는 곳의 위치를 파악했다는 연락이 왔습니다. 휴대폰의 위치 추적 장치는 그 남자가 현재 자신의 집이 있는 쪽방촌 근처에 있다는 정보를 제공해주고 있었습니다.

『오케이! 딱 걸렸어! 조금만 거기서 기다리라구.』

이제 곧바로 범인을 검거할 수 있다는 생각으로 들떠있는 황 검사를 따라 막 호텔 방을 나서려 할 때였습니다. 그때 기적적으로 다시 한 통의 전화가 걸려왔습니다. 바로 그 협박범의 전화였습니다. 글쎄, 그 협박범이 저에게 무슨 소릴 했는지 아십니까? 어처구니없게도 바이올린을 돌려주겠다는 얘기였습니다. 물론 돈이나 다른 일체의 요구 조건 없이, 순수한 마음으로 말입니다.

그래요, 갑자기 왜 태도를 돌변해 바이올린을 돌려주겠다는 전화를 했는지는 알 수 없지만 그 남자는 분명 저에게 바이올린을 돌려주겠노라고 했습니다! 1시간 정도의 시간을 주면 틀림없이 제가 묵고 있는 호텔로 와서 바이올린을 돌려줄 것이고, 그와 함께 지금까지 저지른 자신의 죄를 빌겠다구요!

『뭐래요?』

그 협박범과의 통화가 끝나자마자 황 검사가 다급하게 물었습니다.

『그게…… 바이올린을 돌려주겠다고…….』

처음과 180도 달라진 협박범의 태도에 제가 얼떨떨한 얼굴로 대답했습니다.

『옛? 갑자기 무슨 꿍꿍이래요? 돈을 준비해 놓으라고 할 땐 언제고…… 근데 뭐 다른 말은 없고요?』

『피치 못할 사정이 있어 그러니 1시간 정도만 시간을 정도만 달라고…… 그러면 자신이 직접 바이올린을 들고 와서 사죄를 하겠다고…….』

협박범의 전화 때문에 황 검사와 제 사이에는 약간의 실랑이가 있었습니다. 저는 그 남자의 말대로 1시간을 기다려보자는 쪽이었고, 황 검사는 당장 출동하자는 쪽이었습니다.

『속는 셈 치고 그냥 기다려보는 건 어때요? 말하는 걸 봐선 진짜 갖다 줄 것처럼 느껴지던데…….』

솔직히 전 그 남자의 말을 믿고 그 남자가 부탁했던 대로 호텔 방에서 그 남자를 기다려보고 싶었습니다. 왜냐하면 그 남자의 목소리에는 죄책감으로 후회하는 빛이 역력했고, 만약 바이올린을 순순히 돌려줄 의사가 없다면 쓸데없이 제게 다시 전화를 걸어 용서와 이해를 구하는 말 따위는 하지도 않았을 테니까요.(거기다가 저는 그 남자가 나쁜 마음을 먹게 하지 않기 위해 1시간만 기다려달라고 하는 그 남자의 말에 기꺼이 그러겠노라는 약속까지 했습니다.)

『무슨 소리에요? 다른 사람들 말도 아니고 도둑놈 말을 어떻게 믿어요? 더군다나 한두 푼 하는 우산이나 가방 같은 것도 아니고…… 제니 씨는 이쪽 세계 사람들을 잘 몰라서 그런데…… 당장 덮쳐야 돼요. 틀림없이 수사에 어떤 혼선을 주거나 시간을 벌려고 하는 알팍한 수작일 테니까.』

저 역시 의심이 많은 인간인지라 저는 황 검사의 말에 더 이상 반박하지 못하고 황 검사와 함께 그 남자가 머물러 있는 쪽방촌으로 달려갔습니다. 그런데 휴대폰의 위치 추적을 한다고 해서 반드시 그 휴대폰을 들고 있는 사람의 소재를 정확히 파악할 수는 없는 법인 것 같더군요. 제가 통신 전문가가 아닌 터라 잘 알 수는 없습니다만, 위치 추적의 기능은 단지 어느 장소나 어떤 건물의 반경 몇 십 미터 안에 있다거나 하는 것 정도만 알 수 있는 것 같았습니다.

제일 먼저 찾아간 곳은 그 남자의 집이었습니다. 그 남자는 거의 움막이라고 할 수밖에 없는 쪽방촌의 쪽방에 사는 딱한 처지였고, 저는 왜 그 남자가 저의 바이올린을 들고 사라졌고 왜 저에게 바이올린을 빌미로 저에게 거액의 돈을 요구했는지 어렴풋하게 이해할 수 있을 것도 같았습니다. 언제부터 그런 곳에서 살게 된 건지는 모르지만 그런 열악한 주거 환경에서 살면 누구라도 그런 지긋지긋한 가난에서 벗어나고 싶다는 유혹에서 자유롭지 못할 테니까요.

하지만 허탕이었습니다. 그 남자의 집에는 그 남자는커녕 그 남자의 그림자조차 보이지 않았습니다.

『어디에 있지? 분명 아직 이 동네 안에 있긴 있는데…… 하여튼 최 형사님이랑 남 형사님들은 저쪽 골목으로 가서 찾아보세요. 저는 박 계장님이랑 이쪽 골목으로 찾아볼 테니까…….』

그때 마침 이곳 쪽방촌의 주민인 듯한 할아버지 한 분이 시끌벅적하게 소란을 떨고 있는 우리 곁을 지나다가 발을 멈추고 물었습니다.

『뭐여? 무슨 일인데 이렇게 떼거지로 몰려다니면서 동네를 시끄럽게 하는겨? 뭔 살인사건이라도 났어?』

『아뇨, 그런 게 아니라 사람을 찾을 일이 좀 있어서…….』

적당하게 얼버무린 뒤, 황 검사가 방금 우리가 나온 용의자의 집을 가리키며 그 남자를 아느냐고 물었습니다.

『누구? 아 김씨! 근데 그 사람을 왜? 내가 보기엔 법 없이도 살 사람 같던데…….』

뜻밖에도 할아버지는 교회로 가보라고 했습니다. 오늘 새벽 제가 예배를 드렸던 그 교회에 말입니다.

『잘은 모르겠는데…… 어쩌면 교회에 있을 거야! 왜냐하면 그 집 아들네미가 그 교회에 다니니께…….』

『교회요? 저기 보이는 저 교회 말이죠?』

저 멀리 하늘 높이 걸려 있는 십자가를 가리키며 제가 물었습니다.

『응. 알다시피 오늘이 크리스마스 이브잖어? 그래서 교회 사람들이 여기 쪽방촌 사람들을 위해 선물도 나눠주고 음식도 대접한다고 해서 애 어른 할 것 없이 죄다 글루 몰려갔으니께 글루 가면 아마 찾을 수 있을 거여.』

할아버지의 귀띔에 따라 우리는 동네 어귀에 위치해 있는 교회로 달려갔습니다. 그리고 우리는 운 좋게도 마침 교회 마당으로 황급히 뛰어나오는 그 협박범과 맞닥뜨릴 수 있었습니다.

『맞아요! 저 사람이에요!』

교회 마당으로 나서던 그 남자는 황 검사와 수사관들의 손에 맥없이 붙잡혔습니다.

바이올린을 돌려주기로 작심한 탓이었을까요? 노숙자의 증언에 따라 득달같이 달려드는 수사관들에게 그 남자는 별다른 저항 없이 순순히 수갑을 받더군요. 자신이 범인이 아님을 부정하거나 다른 데로 도망가려는 시도를 전혀 하지 않은 채 말이지요. 단지 어떻게 자신의 소재를 알고 이렇게 빨리 자신을 잡으러 왔나 어안이 벙벙한 표정이었고, 바이올린을 돌려주기 전에 이렇게 경찰의 손에 잡힌 이상 감옥살이를 면치 못할 거라는 불안과 두려움으로 떠는 모습이었습니다.

『정말 죄송합니다. 처음부터 나쁜 마음을 먹고 그랬던 건 아니었는데…… 근데 지금 막 바이올린을 돌려주려고 호텔로 가는 길이었어요. 이건 정말입니다.』

겁에 질린 표정으로 거듭 사죄의 말을 전하는 그 남자의 모습을 보며 저는 문득 그 남자를 용서해주고 싶다는 생각이 들었습니다. 앞서 말했던 것처럼 처음 협박 전화를 받았을 때만 해도 전 결코 그 남자를 용서하지 않을 생각이었습니다. 왜냐하면 제가 잃어버린 바이올린은 금전적인 값어치를 떠나 저랑 십수 년 동안 동고동락해온 제 분신처럼 소중한 악기였고, 그 바이올린을 잃어버림으로 해서 제가 겪은 심리적 고통과 공연 취소로 인한 명예 실추, 그리고 다른 여러 가지 금전적인 피해 등등은 쉽게 보상 될 수 있는 것이 아니었으니까요. 하지만 사람을 죽인 살인자에게도 정상참작이라는 게 있죠. 죄는 미워해도 사람은 미워하지 말라는 말도 있구요. 무슨 이유로 심경의 변화를 일으켜 제게 그런 전화를 했는진 알 수 없지만, 그 남자는 분명 저에게 자신의 잘못을 빌며 바이올린을 돌려주겠다는 의사를 전달했고, 그간의 여러 가지 정황으로 미루어 볼 때 그 남자의 그 말은 어느 정도 진실로 느껴졌던 것입니다.

『제발 한번만 용서해 주세요. 한번만 용서해 주시면…… 앞으론 정말 죄를 짓지 않고 열심히 살겠습니다.』

그러나 저는 구태여 황 검사에게 그 남자의 변호를 하거나 그 남자의 선처를 부탁하고 싶은 생각까지는 없었습니다. 어쨌든 그 남자는 오늘 하루 그 남자를 잡기 위해 발바닥에 불이 나게 뛰어다닌 황 검사와 형사들의 전리품인 셈이었고, 제가 이 사건의 피해자라고 해서 피의자를 용서해주라느니 말라느니 하는 말을 하는 건 성급하기도 하고 분수에도 맞지 않는 일로 느껴졌으니까요.

아니, 더 솔직히 말하면 그 남자를 용서하고 말고는 제 관심사가 아니었습니다. 저는 혹여 제가 바이올린을 잃어버린 동안 바이올린이 바꿔치기 되거나 어디 흠이라도 난 데가 없나 살펴보느라 그 남자에게 미처 그런 신경을 쓸 여유가 없었던 것입니다. 다행히 정상이었습니다! 아직 시간적인 여유가 없어 정확한 테스트를 해볼 순 없었지만 하나님이 도우셨는지 바이올린은 어디 한군데 상한 데 없이 멀쩡한 것 같았습니다.

『용서? 이봐요, 아저씨. 이게 말로 잘못했다고 해서 해결될 일이에요? 당신이 뭘 잘 몰라서 그러나본데…… 당신이 얼마나 큰 죄를 저질렀는지 알아요? 당신 때문에 여기 계신 이 숙녀 분께서 얼마나 놀라고 애를 태웠는지 아느냐 말이에요? 하긴 당신 같이 무식한 사람들이 뭘 알겠어?…….』

『죄송합니다. 정말 죽을죄를 지었습니다. 이번 한번만 용서해 주시면…….』

『이 사람 이거 진짜 뻔뻔하구만! 글쎄 그렇게 말로 잘못했다고 해서 간단히 해결될 문제가 아니라니까 자꾸 그러네. 좋아요, 딴 건 그렇다 치고 당신 때문에 여기 계신 숙녀 분이랑 다른 공연 관계자들의 정신적 금전적 피해가 얼마나 큰지 생각이나 해봤어요? 당신의 그 잘난 행동 때문에 오늘 저녁이랑 내일 저녁 있을 공연들이랑 다른 스케줄들이 줄줄이 다 펑크 나게 생겼단 말이에요. 아시겠어요?』

『죄송합니다. 짧은 욕심에 그만…….』

『하여튼 긴말 할 필요 없고…… 당신 같은 사람은 감옥에 가서 콩밥을 좀 먹어봐야 돼. 알아요? 자, 꾸물거리지 말고 빨리 차에 타요. 할 말 있음 서에 가서 마저 하고. 어이, 최 형사님 이 사람 이거 빨리 차에 태워요.』

『검사님 잠깐만요! 잠깐만 제 말 좀 들어주십시오.』

형사들에게 지시를 내리고 자리를 뜨려는 황 검사의 옷자락을 붙들고 그 남자가 다시 한 번 사정했습니다. 금방이라도 눈물을 흘릴 것 같은 애절한 표정이 그 남자에게는 아무래도 무슨 절박한 사정이 있는 것 같았습니다.

『죄송한 부탁이지만…… 그럼 저에게 두어 시간 정도의 시간만 주시면 안 되겠습니까? 그렇게만 해주신다면 그 다음은 검사님 말씀대로 어떤 벌이든 달게 받겠습니다…….』

그러면서 그 남자는 저와 황 검사에게 자신의 딱한 사정에 대해 짧게 설명했습니다. 어쩌면 경찰서로 끌려간다는 두려움에 거짓말을 하는 것일 수도 있지만, 아무튼 그 남자의 말이 사실이라면 그 남자의 사정은 정말 딱하더군요. 어쨌든 우리는 그 남자의 얘기를 통해 그 남자가 8살 난 아들과 단 둘이 산다는 것과 그 남자의 아들이 몸이 불편한 장애아라는 것을 알 수 있었습니다. 또한 오늘이 그 아들의 생일이며 그 아들이 지금 이 교회 안에서 행해지고 있는 크리스마스 행사에 참석하고 있다는 것도요. 결론적으로 그 남자의 부탁인즉, 행사가 끝난 뒤 아들 녀석과 간단한 생일 파티를 하기로 약속했으니까 그 때까지만 자신에게 시간을 좀 달라는 얘기였습니다.

『……제가 이렇게 끌려가 버리면 아들 녀석이랑 한동안 헤어져 있을 수밖에 없을 텐데…… 그렇게 되면 애가 많이 실망할 겁니다. 아니 생일 파티도 파티지만…… 애가 무척 놀라고 상처 받을 겁니다…….』

『젠장, 무슨 수사반장 찍는 것도 아니고…… 신파가 따로 없군. 그러니까 뭡니까? 애가 아빠의 부재를 잘 받아들일 수 있도록 설명도 해야 하니까…… 그런 시간을 좀 달라?』

『네, 염치없는 말인 줄 알지만…… 제발 좀 부탁드리겠습니다! 하늘에 걸고 맹세하는데 절대 도망을 친다든가 하는 짓은 하지 않겠습니다.』

『그러게 왜 죄를 지어요? 생긴 것도 멀쩡하고 사지육신 멀쩡한 사람이 열심히 일해서 돈 벌 생각은 안 하고 말이야…….』

범죄자들을 많이 상대해서 그럴까요? 딱한 표정으로 고개를 끄덕이는 저와 달리 황 검사는 그 남자의 말에 눈썹도 꿈쩍하지 않았습니다.

『자 자, 긴 말 필요 없고 빨랑 차에 타세요. 당신 사정이야 어떻든 그건 우리 알 바 아니고…… 일단 입 다물고 조용히 갑시다. 우린 당신 같이 파렴치한 범죄자를 붙잡고 죄 주는 사람이지 하소연 들어주는 사람이 아니니까.』

황 검사는 끝내 그 남자의 부탁을 외면했고, 그 남자는 결국 형사들의 우악스러운 손길에 이끌려 경찰차 안에 실렸습니다.

『자, 이제 그만 출발하죠. 형사님들이 먼저 피의자들 데리고 앞장서세요. 저는 여기 이 숙녀 분이랑 제 차로 움직일 테니까.』

모든 것을 포기한 듯 경찰차 안에서 괴로운 표정을 짓고 있는 그 남자를 보며 저는 가슴이 짠했습니다. 그래요, 전 왠지 모르게 그 남자의 부탁을 외면하면 안 될 것 같은 생각이 들었습니다. 어쩌면 우리의 동정을 사려고 꾸며낸 이야기일지도 모르지만, 만약 그 남자의 말이 사실이라면 그 남자의 아이는 그 남자의 말처럼 갑자기 경찰서로 끌려가버린 아빠로 인해서 너무도 슬프고 불행한 생일과 크리스마스를 맞을 수밖에 없을 테니까요. 아무리 생각해도 그건 엄마도 없이 아빠랑 단 둘이 사는 8살짜리 철부지 꼬마에게 너무 잔인한 일 같았습니다.

저는 그 남자에게서 좀 더 정확한 그 남자의 얘기를 들어보고픈 충동을 느꼈습니다. 그리고 만약 그 남자의 말이 거짓말이 아니고, 그 남자가 진짜 믿을만한 사람으로 느껴지면 황 검사에게 떼를 써서라도 그 남자의 부탁을 들어주고 싶은 생각이 들었습니다.

『스톱! 잠깐만! 잠깐만요!』

저는 슬금슬금 교회 밖으로 빠져나가려는 경찰차의 앞을 가로막고 차를 세웠습니다. 그리고 그 남자가 실려 있는 승합차(형사 기동대)안으로 몸을 구겨 넣었습니다.

『잠깐만요. 저랑 잠깐만 얘기 좀 해요.』

『?』

절망에 찬 얼굴로 한숨짓고 있던 그 남자가 어리둥절한 눈으로 저를 쳐다보았습니다.

『저어…… 궁금한 게 몇 가지 있는데…… 물어봐도 되겠어요?』

『?…….』

『음…… 먼저 이것부터 물어볼 게요. 갑자기 왜 마음을 바꾸셨어요? 처음에는 돈을 요구하시더니…….』

『그건…….』

잠시 저어하던 그 남자는 결국 제가 묻는 말에 떨리는 목소리로 떠듬떠듬 입을 떼기 시작했습니다. 다른 사람에게 상처받지 않기 위해 오랜 기간 마음의 문을 꽁꽁 닫아두고 살았지만, 그 남자의 마음속에는 누군가에게 자신의 처지를 위로 받고 싶다는 욕구가 있었나 봅니다. 처음 얼마 동안은 자신의 사적인 얘기를 들려주는 걸 부담스러워하는 듯했지만 한번 얘기를 꺼내자, 그 남자는 자신이 지금 처해있는 불우한 처지와 오늘 하루 동안 겪은 여러 가지 일들, 그리고 바이올린을 미끼로 돈을 요구했다가 나중에 바이올린을 그냥 돌려주겠다고 한 경위에 대해서 솔직하고 진실하게 털어놓았습니다.

그 남자의 파란만장한 인생사와 함께 오늘 하루 동안 있은 여러 가지 얘기들을 전해 듣는 동안, 저는 뭐라 표현하기 힘든 벅찬 감동과 전율로 몸을 떨었습니다. 그 남자와 저의 만남은, 다시 말해 오늘 있은 갖가지 사건들과 우여곡절들은 거의 기적과도 같은 놀라운 일들의 연속이었습니다.

그 남자의 얘기가 끝난 뒤, 저는 오늘 하루 주님이 그 남자와 저를 - 그리고 우리 모두를 - 위해 행하신 놀라우신 기적과 사랑 앞에 뜨거운 감사의 눈물을 흘렸습니다. 그리고 예수 그리스도께서 우리의 사악한 죄를 모두 용서하셨듯, 저 또한 자신의 잘못을 깨닫고 탕자처럼 다시 하나님의 품으로 돌아온 그 남자를 기쁜 마음으로 포옹해주었습니다…….

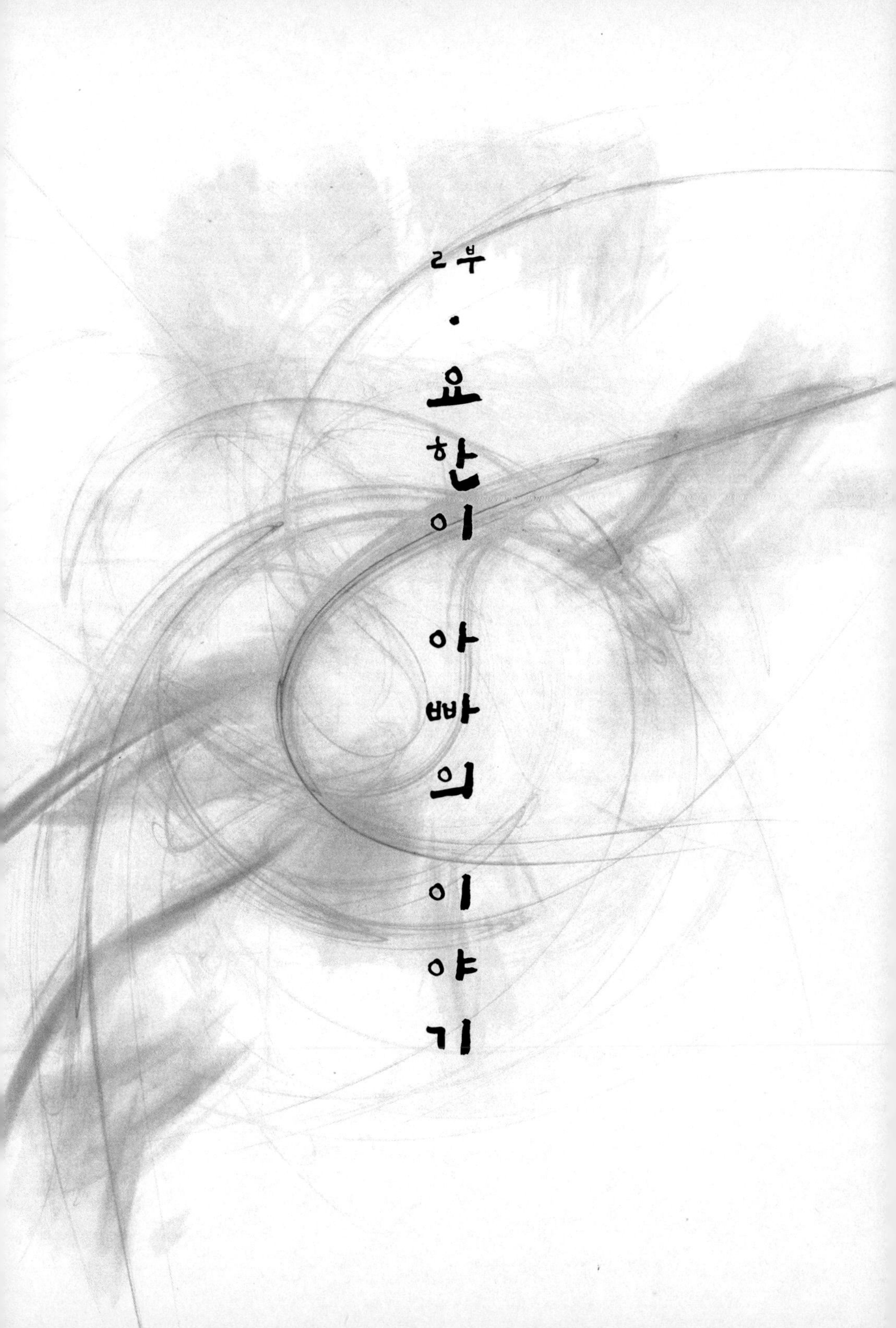

2부 · 요한이 아빠의 이야기

요한이 아빠의 이야기

……살면서 누구나 한번쯤 죽고 싶다는 생각을 해본 적이 있을 겁니다. 제게는 꼭 오늘이 그런 날이었습니다. 어린 시절부터 이런저런 굴곡이 많은 삶을 겪은 터라, 힘들고 지칠 때마다 간간이 그런 생각을 해왔지만 오늘 아침에는 정말 「꼭 이렇게까지 계속 살아야 하나?」 싶은, 삶에 대한 회의가 물밀듯이 밀려 왔습니다.

요 무렵 항상 그래왔던 것처럼 저는 새벽 5시쯤 집 근처에 있는 인력 사무실로 일을 하러 나갔습니다. 크리스마스 이브

날인데다 하나밖에 없는 아들 녀석의 생일날이기도 해서 하루쯤 쉬면서 아들 녀석과 함께 시간을 보내고 싶은 생각도 없지 않았지만, 시도 때도 없이 전화를 걸어와서 빚 독촉을 하는 사채업자에다 한 달을 꼬박 인력 사무소를 나가도 열흘 남짓밖에 일거리를 찾지 못하는 이즈음의 불경기를 생각하면 하루도 쉴 형편이 아니었습니다.

하지만 결론적으로 말씀 드려 저는 오늘 일을 놓치고 말았습니다. 공사 현장이 많지 않은 겨울철엔 흔하디흔하게 벌어지는 일이지만 일거리를 찾는 사람들에 비해 일을 할 곳이 너무 적었기 때문이지요. 신문이나 방송 같은 데서 어쩌면 IMF를 능가할 만큼 힘든 시기가 될 것이라고 경고하더니 정말 경기가 안 좋긴 안 좋은 모양이더군요. 크리스마스 이브라 평상시보다 인력 사무소를 찾는 사람들이 적을 줄 알았는데 웬걸, 다른 날보다 훨씬 많은 사람들이 인력 사무소를 찾았습니다. 그래요, 평소보다 10명 정도 많은 30~40명 정도가 일감을 찾아 인력 사무소를 찾았지만 제일 앞서 온 7~8명 정도만이 겨우 일을 찾아 현장으로 떠날 수 있을 뿐이었습니다.

『젠장, 이 짓도 이젠 못 해먹겠군! 어떻게 된 게 이젠 노가다

하루 나가는 것도 이렇게 힘들어?』

『그러게 말야, 새벽 5시 반에 나와도 일거리를 못 구하면 도대체 어떡하란 얘기야? 내일부턴 아예 여기 사무실 앞에다 텐트라도 치고 잠을 자든지 해야지 이거야 원.』

『하여튼 외국 놈들 때문에 우리 밥줄까지 다 끊어진다니까! 조선족 애들이야 우리 동포니까 참아준다 쳐도 요샌 어디서 왔는지도 모를 동남아애들까지 설쳐대는 통에 그 애들 하고까지 밥그릇 싸움을 해야 하니…….』

일을 찾지 못해 낙담하는 사람들의 푸념을 들으며 쓸쓸히 인력 사무소를 나오는데, 홍 씨가 뒤에서 저를 불렀습니다.

『어이, 김 형 잠깐만요!』

『?』

여러 가지 인생의 좌절을 겪은 후, 저는 알 수 없는 피해망상과 대인기피증 때문에 사람들에게 곁을 잘 주지 않는 성격입니다. 하지만 같은 나이에다 같은 현장에 투입되어 2인 1조로 자주 일했기 때문에 그나마 홍 씨와는 사무실 내에서 가장 가깝게 지내는 처지였습니다.

『그냥 이렇게 집에 들어갈 거예요? 씨팔, 일도 안 되고 속도

허하고…… 안 바쁘면 같이 요 앞에 있는 할매집으로 뜨뜻한 국물이나 한 그릇 하러 갑시다. 소주도 한잔 때리고. 물론 돈은 내가 낼 테니까 돈 걱정은 말고.』

아직 날도 새지 않은 이른 아침이었지만 인력사무실 앞의 선술집은 우리처럼 오늘 일을 공친 사람들로 벌써 만원이었습니다.

『아줌마 여기 라면 두 개요! 먼저 소주부터 한 병 주고.』

우리 또래의 많은 남자 가장들이 그렇듯 홍 씨도 어지간히 힘든 일이 많은 듯했습니다. 소주가 몇 잔 들어가기 바쁘게 세상에 대한 원망과 푸념을 늘어놓기 시작하더군요.

『썅노무 새끼들! 도대체 위에서 정치를 어떻게 하는 거냔 말이야. 어이 김 형 안 그래요? 한나라당이 정권 잡고 이명박이가 대통령 되고 나면 난 좀 뭔가 살림살이도 나아지고 일거리도 많아질 줄 알았어요. 근데 웬걸? 이건 뭐 열우당 놈들이나 노무현이 있을 때보다 더 힘들어지는 것 같으니…… 하여튼 없는 게 죄지! 솔직히 불경기니 뭐니 해도 있는 놈들은 걱정할 게 뭐 있어요? 우리같이 하루 벌어 하루 먹는 서민들만 죽어나는 거지…….』

『앞으로 차차 좋아지겠죠. 그래도 믿어봐야지 어쩌겠어요?』

『쳇, 꿈도 꾸지 마쇼. 나아지긴 뭐가 나아져? 차라리 우리 집 똥개를 믿으면 믿지 난 정치 하는 작자들 말 안 믿어요. 다 그놈이 그놈이지 무슨…… 근데 정말 한잔 안 할 거예요?』

『아뇨, 전…….』

『에이, 그러지 말고 김 형도 딱 한잔만 해요. 아무리 술 끊었다고 해도 그렇지 옛날에는 그렇게 마셨다면서…… 자, 한잔만 해요. 날도 춥고 애들 말로 기분도 꿀꿀하고 그런데…….』

『아뇨 전 몸이 좀 안 좋아서…… 대신 제가 한잔 따라 드릴게요.』

손사래를 치며 사양을 하긴 했지만 이래저래 스트레스 받는 일이 많아 한잔 하고 싶은 생각이 굴뚝같더군요. 하지만 요한이 생각을 하면 술을 마실 수가 없었습니다. 지난 7, 8년간 거의 술독에 빠져 살았던 제가 다시 술을 입에 대기 시작하면 다시 한 번 시작해보려고 발버둥쳐 온 지난 1년간의 뼈를 깎는 노력들이 모두 수포로 돌아갈 터였으니까요. 요한이 녀석에겐 소원이 딱 두 가지 있었는데, 첫 번째는 아빠가 자신이 다니는 교회에 같이 다니는 것이고, 두 번째는 술을 마시지 않는 것이었습니다.

『근데 김 형은 진짜 전에 무슨 일 했어요? 하루 이틀 본 사이도 아니고…… 이젠 슬슬 털어놓을 때도 됐잖아요? 아무리 봐도 이런 데서 이런 일 할 사람 같지는 않은데…….』

『…….』

저는 말없이 쓰게 웃었습니다. 어떻게든 살아보겠다는 결심으로 1년 전서부터 노가다판에서 막노동을 하고 있지만 어쩌다 이런 일을 할 정도까지 제 삶이 피폐해졌는지는 저도 잘 납득이 가지 않았으니까요.

『하기사 요샌 다들 경기가 워낙 안 좋아서…… 예전에 잘나가던 사람들 중에서도 하루아침에 쪽박 차고 알거지 된 사람들 많더라구요. 도저히 이런 데 있을 사람이 아닌데 싶은 사람들 중에서도 지하철역 같은 데서 노숙하는 사람들도 많고…….』

홍 씨와 선술집을 나오자 희미하게 날이 밝아오더군요. 마음이 헛헛해서였을까요? 이 며칠 계속 추웠지만 오늘 아침 따라 바람이 쌩쌩 부는 게 여간 추운 날씨가 아니었습니다.

『에이 썅! 주머니가 비어서 그런가? 오늘따라 더럽게 춥네.』

『올해 들어 최고 추운 날씨래요. 일기예보 보니까.』

『근데 김 형은 정말 곧장 집으로 들어갈 거요? 집에 들어가 봤자 할일도 없을 텐데 웬만하면 어디 가서 나랑 같이 한잔 하고 들어가지…….』

『아뇨, 전 볼일이 좀 있어서…….』

『그래요? 그럼 내일 봅시다. 난 아무래도 어디 가서 한잔 더 하고 들어가야겠으니까. 젠장, 그나저나 어디 가서 10만 원 정도라도 빌려야 집에 들어갈 텐데 어디 가서 빌린다?…… 그래도 명색이 가장이라고 이런 크리스마스 이브 날 빈손으로 집에 들어갈 수도 없고…….』

홍 씨와 헤어진 뒤, 저는 마치 길을 잃은 아이처럼 한동안 제 자리에 가만히 서 있었습니다. 어디로 가야 할지 정말 막막하더군요.

그때였습니다. 갑자기 주머니에 들어있는 휴대폰이 요란하게 울렸습니다. 저는 잠시 휴대폰 창에 뜬 발신자의 이름을 보며 받을까 말까 하다가 천천히 통화 폴더를 열었습니다.

『어이, 김 사장! 나에요, 장안동 이.』

전화를 걸어온 사람은 한 달에 몇 번씩 불쑥불쑥 전화를 걸어오는 사채업자 중 한 명이었습니다. 무리한 사업 확장으로 부도를 맞은 후, 2년간의 감옥살이와 법원으로부터 파산 선고를 받은 탓에 금융 쪽의 빚이야 다 청산된 셈이지만 저에게는 아직 해결하지 못한 사채 빚이 어느 정도 남아 있었습니다. 감옥에서 나온 후, 꼬박 4년 정도를 술독에 빠져 집도 절도 없이 떠돌아다니는 떠돌이 생활을 할 때는 거의 연락을 해오지 않았지만 제가 술을 끊고 다시 정상적인 생활을 시작하자 그들은 어떻게 귀신처럼 그 사실을 알아내어 다시 예전의 묵은 빚을 종용하기 시작했습니다.

『예. 근데 이런 이른 시각부터 웬일로…….』

『몰라서 물어요? 그건 나보다 당신이 더 잘 알 것 같은데…….』

『미안합니다. 어떻게든 약속을 지키려고 했는데…….』

『그럼 전화라도 해야지? 내 기억으론 어제가 약속했던 날짜 같은데…….』

『죄송합니다. 그럴려고 했는데 면목이 없어서…… 아무튼 이번 말일까지는 어떻게든 조금이라도…….』

『하 참! ……야 이 양반아! 당신도 양심이 좀 있어봐. 누군 뭐 흙 파서 장사하는 줄 알어? 당신만 어려워? 나도 지금 무지 어렵다구. 당신 편의 봐주다가 내가 죽겠어요, 알아요?』

『죄송합니다. 며칠만 기다리시면…… 사장님도 제 사정 아시지 않습니까? 한 달 내내 뼈 빠지게 일해 봐야 입에 풀칠하기도 빠듯하다는 거…….』

『아 됐어요, 됐어! 내가 당신 하소연 들어주는 사람도 아니고…… 당신 말대로 딱 일주일 더 드릴 테니까 이번 말일까지는 어떻게든 돈 만들어서 넣어요. 솔직히 그동안 편의 봐 드릴 만큼 봐 드렸잖아? 한꺼번에 다 갚으라는 것도 아니고 조금씩 조금씩 나눠서 갚으라는 건데 최소한의 성의는 보여야 될 것 아냐…….』

『죄송합니다. 이번엔 꼭…….』

『좋아요. 그럼 마지막으로 한 번 더 믿어볼 테니까 약속 지켜요. 자꾸 좋은 사람 나쁘게 만들지 말고.』

식전 댓바람부터 사채업자의 빚 독촉 전화를 받고 나니 안 그래도 우울하던 마음이 한결 더 우울해졌습니다. 어쩌다가 내가 이 꼴이 됐을까? 이런 더럽고 추잡한 세상에서 꼭 이렇게 아동바동 살 필요가 있을까? 새삼 제 처지가 비관되고 서글퍼져서 저는 그만 이 세상을 등지고 싶다는 자살 충동을 느꼈습니다.

그렇습니다. 사실 저는 지난 몇 년 전부터 줄곧 「자살」충동을 느끼고 있었습니다. 믿었던 사람들에 대한 배신감과 서운함, 그리고 쉽게 나아질 기미가 보이지 않는 팍팍한 생활고와 미래에 대한 두려움…… 등등의 일들로 저의 심신은 지칠 대로 지치고 피곤할 대로 피곤했던 것입니다.

물론 저에게는 자살의 유혹뿐 아니라, 자살의 유혹만큼이나 강한 삶의 의지도 있었습니다. 그런 의지조차 없다면 그래도 한때 촉망 받던 벤처 사업가였던 제가 그런 꼭두새벽에 하루 6~7만 원 정도의 일당을 벌기 위해 새벽 인력 시장을 기웃거리지는 않았을 테니까요. 「넌 잘할 수 있어!」, 「넌 다시 재기할 수 있어!」, 「조금만 참고 견디면 좋은 날이 올 거야!」 예고 없이 불쑥불쑥 고개를 디미는 자살에의 유혹을 뿌리치기 위해 저는 애써 제 자신에게 자기 최면을 걸고 마인드 컨트롤을 하며 하루하루 힘든 일상을 버티고 있었습니다. 하지만 좀체 나아질 기미가 보이지 않는 힘든 생활고와 암울한 미래를 생각하면 어느새 「이렇게 비참한 하루하루를 연명하느니 차라리 죽는 게 나아!」 「넌 끝났어!」하는 생각과 함께 모든 걸 포기하고 그만 생을 마감하고 싶다는 생각이 들곤 했던 것입니다.

사실 저는 지금도 잘 납득이 가지 않습니다. 한때 한국의 빌 게이츠나 손정의를 꿈꿀 만큼 자신만만하고 의욕에 넘쳤던 벤처 사업가였던 제가 어쩌다가 자살 따위를 꿈꾸는 나약한 인간에다 수중에 돈 한 푼 없는 가난뱅이가 돼버렸는지요. 그래요, 지금은 거의 거지나 다름없는 밑바닥 생활을 하고 있는 형편이지만, 그 7, 8년 전까지만 해도 저는 제법 잘나가던 벤처 기업가였습니다. 빌 게이츠나 손정의 정도는 아니지만 어쨌든 저는 연 매출 200억~300억대에 달하는 컴퓨터 관련 프로그램 회사의 어엿한 대표 이사였던 것입니다.

그렇습니다. 그 무렵 저를 아는 제 주변 사람들은 다들 저의 삶을 부러워했습니다. 저는 소위 말해 「일」과 「사랑」 모든 것에 성공한 행복한 사나이였으니까요. 한마디로 성공한 인생이었죠! 어릴 적 꿈꾸었던 대로 저는 제 나이 정도의 다른 일반인들에 비해 엄청난 부를 소유한 부자가 되어 있었고, 유년기를 거쳐 사춘기 시절 내내 혼자 짝사랑을 하며 가슴 태우던 첫사랑의 소녀를 제 아내로 맞이할 수 있는 행운을 누렸으니까요. 아! 그때를 떠올리니 저에게도 한때나마 그렇게 행복하고 좋은 시절이 있었다는 게 잘 실감이 나지 않는군요.

오늘 겪은 기적과도 같은 놀라운 체험에 대해 더 들려드리기 전에, 전 여기서 잠시 제 아내와 제 성장 과정에 대해서 들려드려야 할 것 같습니다. 그래야만 제가 왜 그렇게 오랜 기간 동안 하나님을 부정하고, 하나님을 떠나 있었는지 이해가 가실 테니까요…….

지금은 결코 다시는 보고 싶지 않은 밉고 원망스러운 여자가 되고 말았지만 아내는 어린 시절 저에게 있어 밤하늘에 떠있는 「별」같은, 제가 감히 범접할 수 없는 공주님 같은 존재였습니다. 아내의 아버지는 교인들의 존경과 사랑을 받는 목사님이었던 반면, 제 부모님은 겨우 교회 한편의 초라하고 작은 오두막에 얹혀살던 교회의 사찰집사에 불과 했으니까요. 말이 좋아 사찰집사였지 제 부모님은 교회의 종을 치는 종지기이자 교회의 청소나 이런저런 허드렛일을 하며 겨우 입에 풀칠할 정도의 급료를 받는 교회에 딸린 머슴에 다름 아니었습니다.

가난한 집에서 성장한 아이들이 대개 그렇듯, 어린 시절 저에게는 참으로 많은 콤플렉스가 있었습니다. 배운 것 없고 가난한 거야 접어두고라도 제 부모님이 두 분 다 몸이 성치 않은 장애인이었기 때문이었습니다. 아버지는 노트르담의 성당에서 종을 치던 꼽추처럼 등이 구부러진 꼽추였고, 어머니는 정신박약이거나 혼자 거동을 못할 만큼 중한 뇌성마비 환자는 아니었지만 몸을 움직이거나 말을 할 때마다 몸을 심하게 뒤틀고 경련을 일으키는 뇌성마비 장애인이었습니다.

신의 은총이었을까요? 그런 배운 것 없고 보잘것없는 외모를 가진 부모님과 달리 저는 어려서부터 제법 명석한 두뇌와 준수한 외모를 가지고 태어났습니다. 그 시절 웬만큼 사는 집 애들은 다하던 과외 한 번 한 적 없고 교과서 외엔 변변한 수련장 한 권, 전과 한 권 산 적이 없었지만 저는 초등학생 시절부터 반에서 항상 1, 2등을 다툴 만큼 공부를 잘했습니다. 구부러지고 뒤틀린 혐오스런 외모를 가진 부모님과 달리 저는 제법 훤칠한 키에 반듯한 외모를 가지고 있었습니다. 가난하고 보잘것없는 부모를 둔 탓에 그 흔한 학급 반장 한번 못했었지만 그래도 저는 몇몇 여학생들로부터 저를 좋아한다거나 사귀고 싶다는 식의 사랑 고백 편지를 받은 적도 있었으니까요.

하지만 아내에 비하면 저는 정말이지 보잘것없는 존재에 지나지 않았습니다. 사람들로부터 존경 받는 그녀 아버지의 직업도(내가 살던 교회는 서울의 대형 교회와는 비교할 수 없지만, 그래도 지방 소도시의 교회 치고는 꽤 규모가 큰 교회였습니다.) 그녀에 대한 환상을 키우는 데 일조를 했겠지만, 그녀의 너무도 출중한 외모 때문이었습니다. 세월의 흐름과 세상의 더러운 때로 이제 그 색이 많이 퇴색하긴 했지만 소녀 시절의 그녀는 정말이지 하늘에서 내려 온 천사에 다름 아니었습니다. 우유처럼 새하얀 피부, 크고 맑은 눈, 마늘쪽처럼 상큼한 콧날, 작고 귀여운 입……. 다른 도시에서는 어쨌는지 몰라도 제가 살던 지방 소도시에서는 그녀의 인기가 그 당시 한창 명성을 떨치던 브룩 쉴즈나 소피 마르소를 능가할 정도였습니다. 그녀가 다니는 학교 앞과 우리 교회 앞은 학창 시절 내내 그녀를 추앙하는 남자 녀석들로 북새통을 이루었으니까요.

그러나 참으로 알 수 없는 게 우리네 인생이더군요. 매사에 자신감이 넘치고 사람들의 이목을 집중시켰던 아내와 달리 저는 초중고교 시절 내내 말수가 적고 침울한 성격의 학생이었습니다. 그러나 고등학교를 졸업하고 대학에 진학하게 되자, 성격이 차차 밝아지면서 자신감이 생기더군요. 어쨌든 저는 우리나라의 최고 수재들만 모인다는 서울의 S대에 우수한 성적으로 입학했고, 고향과 달리 그곳에는 제 비천한 신분과 불우한 성장 배경에 대해서 아는 사람이 없었으니까요.

정신없이 바쁜 대학 생활을 하면서도 저는 가끔씩 아내의 얼굴을 떠올리곤 했습니다. 저는 어린 시절 내내 아내를 밤하늘의 별을 바라보듯 그저 바라볼 수밖에 없는 보잘것없는 존재였습니다. 알퐁스 도데의 소설에 나오는 그 순진한 목동처럼 말이지요. 하지만 저에게도 이제 조그마한 희망이 생겼습니다. 물론 그녀는 아직 저에게 소설 속의 스테파네트 아가씨처럼 그저 바라볼 수밖에 없는 존재였지만, 그 옛날에 비하면 제 처지도 그리 절망적이라고 할 수는 없었으니까요. 저는 누구나 부러워할 만한 명문대에 들어간 반면, 그녀는 지방의 그저 그렇고 그런 음대로 (아, 미처 빠뜨리고 얘기를 못했는데 그녀는 음대를 나온 어머니의 영향을 받아 어릴 때부터 바이올린과 피아노를 했었습니다. 아마 그 무렵 그녀가 더 빛나 보였던 이유 중의 하나는 그녀가 늘 들고 다니던 바이올린 때문이었을 겁니다. 지금이야 경제 사정이 좋아 바이올린을 하는 학생들을 흔하게 볼 수 있지만 그 당시만 하더라도 제가 살던 지방 소도시에서는 웬만해서는 잘 볼 수 없는 것이었습니다.) 진학했으니까요. 뭐 그렇다고 해서 제가 그녀보다 우월감을 가졌다거나 그런 건 아니지만 어쨌든 이젠 적어도 예전에 가졌던 콤플렉스나 경외심 같은 것은 없었습니다.

아무튼 세월은 빠르게 흘러 저는 대학 졸업 후, 제가 개발한 한 소프트웨어의 성공으로 단박에 업계에서 떠오르는 청년 기업가로 급부상했고, 그런 급작스런 저의 성공 덕분에 저는 어릴 때부터 꿈에도 그리던 목사님의 무남독녀 외딸을 아내로 맞이할 수 있었습니다.

출세와 성공이란 게 과연 좋긴 좋은 것이더군요. 다른 분도 아니고 돈이나 세상 부귀 앞에서는 누구보다 초연해야 할 성직자가 과연 그래도 되는지는 의문이지만, 한때 제 장인 장모였던 목사님과 사모님께서는 평소 제사보다는 젯밥에 관심이 많으신 분이었습니다. 어느 편인가 하면……, 예수님의 말씀보다는 돈과 세상 부귀를 좋아하는, 다소 세속적인 분이었죠. 헌금을 많이 하는 장로님이나 권사님들에게는 더 없이 상냥하고 친절하지만 배운 것 없고 가난한 평신도들은 은근히 무시하는 그런 분이셨습니다. 뭐 예수님이 아닌 이상 돈과 세상 부귀의 탐욕 앞에 자유로울 수 없는 게 우리네 인간의 한계이긴 하지만요…….

어쨌든 목사님 내외분은 제가 고향을 떠나기 전까지만 해도 저의 부모님과 저를 은근히 무시하고 멸시했던 게 사실이었더랬습니다. 물론 두 분 다 성직자라는 직함과 나름대로 교양이라는 걸 갖춘 분들이었기 때문에 두 분은 무식하게 대놓고 사람을 무시하거나 멸시하지는 않았습니다. 하지만 저는 교회 안의 작은 오두막집에 살면서 그들의 사소한 말투와 눈빛 하나하나에 적지 않은 상처를 받은 게 사실이었습니다. 배운 것 없고 순진한 제 부모님들이야 목사님 내외분을 예수님 버금가는 훌륭한 인격자로 여겼지만 행인지 불행인지 저는 어떤 게 진실이고 어떤 게 가식이라는 것쯤은 분별할 능력이 있었으니까 말이죠.

그런데 제가 나이에 걸맞지 않게 사회적으로 엄청난 성공을 거두자, 왠지 모르게 고압적으로 느껴지던 그들의 태도가 눈에 띄게 달라지더군요. 명절이나 휴가를 이용해 어쩌다 제가 고향에 내려 올 때면 목사님 내외분은 저와 저의 부모님을 칙사 대접하듯 환대해주었습니다. 그들의 집으로 저녁 식사 초대를 하기도 하고 제 부모님을 위해 옷이며 건강 보조 식품 같은 선물을 하기도 했는데, 물론 그것은 과거에는 좀체 없던 일이었습니다.

솔직히 전에 없던 목사님 내외분의 관심과 환대가 처음에는 무척 부담스럽고 신경 쓰였던 게 사실이었습니다. 하지만 곰곰이 생각해 보면 그건 너무도 당연한 일이었습니다. 그 즈음 제 부모님은 이미 상당한 부를 이룬 아들 덕분에 더 이상 교회 한편의 오두막에서 교회 머슴과도 같은 사찰집사 노릇을 할 필요가 없었으니까요. 저는 그동안 저를 키우느라 고생하신 부모님을 위해 교회 근처의 빈 땅을 매입해서 그곳에 아담한 집을 한 채 지어 드리고 매달 그들이 충분히 쓰고도 남을 만큼의 생활비와 용돈을 꼬박꼬박 보내 드렸습니다. 물론 저 역시 보잘것없는 저에게 이런 큰 축복과 영광을 내려주신 하나님의 은혜에 보답하기 위해, 그리고 일생을 다른 사람들의 동정을 받고 살아오신 제 부모님의 기를 펴 드리기 위해 교회의 어느 교인 못지않게 헌금도 많이 하고 말입니다. 그래서 그런지 그들의 얼굴에는 겉으로 드러나지 않던 묘한 업신여김과 고압적인 태도가 사라지고 그 대신에 일본 상인들의 그것 같은 상냥함과 친절함이 묻어나더군요. 지금 생각해보면 그게 과연 목사님의 진심이었는지조차 약간 의심이 가지만, 아무튼 목사님께서는 그 무렵 같은 교회에 다니는 성도들에게 저의 부모님과 저를 더없이 훌륭한 부모와 청년으로 칭찬하느라 입에 침이 마를 새가 없었습니다…….

아내의 태도 역시 목사님 내외분의 태도와 크게 다르지 않았습니다. 남학생들이 목을 매는 예쁜 소녀들이 으레 그렇듯이 소녀시절 아내는 말을 붙이기가 겁날 만큼 쌀쌀맞은 새침데기였습니다. 세상에 자기 위로는 사람이 없다고 생각하는 안하무인에다 공주병 환자였죠. 다른 대다수의 남학생들에게 그랬듯 그녀는 학창 시절 내내 저에게 따뜻한 눈길 한번 주지 않았습니다.

그러나 대학 졸업 후, 몇 년 만에 보는 아내는 철없던 소녀

시절과 많이 달라져 있었습니다. 대학 재학 중 미국으로 바이올린 유학을 떠난 아내는 그 무렵 유학을 마치고 미국에서 돌아와 고향집에 머물고 있었는데, 나이를 먹어서인지 아니면 저의 성공 소식을 들어서인지 예전과 달리 저에게 무척이나 친근하게 대했습니다. 저는 기억도 잘 나지 않는 어린 시절의 옛 추억을 들추면서 마치 그녀와 제가 둘도 없는 소꿉 친구였던 것처럼 스스럼없이 굴더군요. 외국 생활을 오래 해서인지 그녀는 쌀쌀맞고 새침데기였던 예전과 달리 무척이나 활달하고 자유분방한 여인으로 변해 있었습니다.

저는 목사님 내외분과 아내의 전과 다른 행동들을 보면서 그들이 저를 미래의 사윗감이나 남편감으로 생각하고 있음을 깨달을 수 있었습니다. 어릴 적부터 그녀를 짝사랑 해왔던 저로서는 더할 나위 없이 기쁜 일이었지만 그렇다고 마냥 기뻐할 일은 아니었습니다. 실상 제가 결혼할 무렵에는 예전과 달리 많은 것이 바뀌어 있었습니다. 이런 말을 하면 좀 건방지게 들릴지도 모르지만……, 그 무렵 저에게는 이곳저곳으로부터 적지 않은 혼담이 들어오고 있었습니다. 아내의 집안보다 더 부유하고 훌륭한 집안에, 어리고 예쁘고 똑똑한 양갓집 규수들이 말입니다. 그렇습니다. 예전에는 그녀가 감히 제가 오르지 못할 나무였고 주인집 아씨였을지 몰라도 이제 그녀는 저보다 별로 나을 게 없는, 그저 그렇고 그런 한 사람의 처녀요 결혼 상대자였을 뿐이었습니다. 세속적인 잣대로 판단한다면 오히려 제가 손해나는 장사였죠. 그녀는 - 나랑 동갑나기였습니다 - 이제 결혼 적령기를 넘긴 나이였고, 서른을 넘긴 그녀의 외모는 - 물론 그녀는 아직 충분히 예쁘고 매력적이었습니다만 - 이제 대학을 갓 졸업한 20대 초중반의 앳되고 싱그러운 처자들과 비교해 볼 때 결코 나을 것도 없었으니까요.

그러나 저는 결국 그녀를 택했습니다! 어쨌든 그녀는 어렸을 때부터 제가 꿈꿔온 이상형의 여자였고, 어찌 보면 오늘날 제가 이렇게 성공할 수 있었던 이유도 그녀에 대한 동경과 콤플렉스 때문인지도 몰랐으니까요.

아무튼 아내와의 이런저런 사랑의 줄다리기 끝에 저는 5월의 어느 주일날 서울에 있는 어느 유명한 교회에서, 많은 하객들의 축복 속에 아내와 결혼식을 올렸습니다. 그리고 저는 서울의 한 고급주택가에 그림 같은 2층집을 짓고 그녀와 함께 꿈같은 신혼 시절을 보냈습니다. 행복한 날들이었습니다. 비록 사라 장이나 제니 정 같은 세계적인 바이올리니스트는 못 되었지만 아내는 저를 위해 가끔씩 바흐와 멘델스존을 연주해주었고, 저는 그녀와 함께 매일 밤 달콤한 사랑의 밀어를 속삭였습니다.

한 가지 조그만 걱정이 있다면 결혼한 지 2년이 다 되도록 아직 아이가 없다는 것이었습니다. 몇 번 임신한 적이 있지만 자궁이 약해서 그런지 아내는 매번 유산을 해버리더군요. 그러나 아이가 없는 것만 빼면 무척이나 즐겁고 행복한 결혼 생활이었습니다.

물론 다른 신혼부부와 마찬가지로 저희 부부라고 매양 사이가 좋지는 않았습니다. 저는 아내에게 몇 가지 불만이 있었습니다. 시부모님에게 효심이 깊지 못한다는 것과 보통의 알뜰한 가정주부와는 달리 낭비벽이 심하고 사치스럽다는 점 때문이었습니다. 하지만 무남독녀 외딸로 어려서부터 귀한 것 없이 공주처럼 자라온 아내의 성장 과정을 지켜봐온 저로서는 어느 정도 예상한 일이었기에 크게 문제 될 것은 없었습니다. 그녀의 착하고 예쁜 외모만큼 시부모님에 대한 마음 씀씀이랑 살림 솜씨도 착하고 예뻤으면 얼마나 좋을까 하는 바람은 있었지만 말입니다…….

이제 딸이 됐든 아들이 됐든 우리의 사랑의 결실인 아기만 태어나면 더 바랄 게 없을 것 같았습니다. 어린 시절 목회자를 꿈꾸었을 만큼 꽤 열심히 하나님을 믿었던 저는 대학을 다니기 위해 서울로 올라오면서부터 하나님을 잘 믿지 않았습니다. 공부하랴 아르바이트 하랴 눈코 뜰 새 없이 바쁘기도 했지만 어렸을 적 교회 사람들로부터 받았던 이런저런 업신여김과 상처 때문에 저는 어느새 하나님과 하나님을 믿는 기독교도들을 불신하고 있었습니다. 물론 그렇다고 해서 제가 완전히 하나님과 교회를 떠났다는 얘기는 아닙니다. 누가 종교가 뭐냐고 물으면 저는 아직 스스럼없게 기독교라고 대답하고, 일이 바빠서 매주 교회를 나가진 못했지만 그래도 한 달에 한두 번 정도는 교회를 나가곤 했으니까요.

하지만 인간이란 과연 간사한 동물이더군요. 하는 일이 술술 풀리고 잘될 땐 하나님을 찾지 않았지만 답답하고 힘든 일이 생기니 결국 하나님을 찾게 되더군요. 저는 아주 오랜만에 하나님 앞에 무릎을 꿇고 간절한 기도를 드렸습니다. 제발 저에게 저와 아내를 반씩 닮은 아이를 생기게 해달라고요……. 아이만 생기게 해주시면 다시 신실한 하나님의 아들이 되겠노라고 말입니다…….

마침내 저의 간절한 기도가 하늘에 닿았던가 봅니다. 평소 패션모델을 뺨칠 만큼 얇고 날씬하던 아내의 배가 어느 날부터인가 풍선처럼 부풀어 오르기 시작했습니다. 저는 하나님께 감사의 기도를 올렸습니다. 드디어 저를 닮은 제 아이가 생긴다고 생각하자 마치 세상을 다 얻은 것처럼 기쁘고 행복하더군요.

그런데 그건 축복이 아닌 불행의 씨앗이었습니다. 평소 자궁이 약해 잦은 유산을 했었던 아내는 결국 출산 예정일보다 두어 달 빠른 여덟 달만에 아기를 낳았습니다. 마침 그때 저는 사업 관계로 멀리 유럽으로 장기 출장 중이었는데, 장모님이 전화로 아내의 조산 소식을 알려주더군요. 아내의 조산 소식을 들은 저는 한 달 예정으로 떠난 출장을 앞당겨 보름 만에 부랴부랴 한국으로 돌아왔습니다. 장모님과 아내 모두 출산 과정에 약간의 문제가 있었으나 무사히 출산했으니 하던 일이나 잘 마무리 짓고 들어오라고 했지만 그들의 목소리가 어딘가 어둡고 불안하게 들려서 뭔가 미심쩍은 기분이 들었던 것입니다.

병원으로 와서 인큐베이터 안에 있는 아들 녀석을 보자, 저는 장모님과 아내의 전화 목소리가 왜 그렇게 어두웠는지 비로소 알 수 있었습니다. 엄마 뱃속에서 열 달을 다 못 채우고 세상에 나온 만큼 미숙한 상태로 태어난 것은 당연한 이치지만 아이의 상태는 어딘가 보통의 다른 신생아들과 다른 것 같았습니다. 의사가 아니어서 뭐라 딱 꼬집어 얘기할 순 없지만 아이의 신체가 뭔가 비정상적으로 움직이는 것 같았습니다.

저는 놀란 마음에 담당 의사에게 따져 물었습니다. 우리 아기가 다른 아기들과 달리 좀 이상한 것 같다고요. 그러자 의사가 안 됐다는 얼굴로 아이의 상태를 설명 해주더군요. 불행한 일이지만 아무래도 댁의 자녀는 선천성 뇌성 마비인 것 같다고…….

아! 정말이지 그때의 충격과 절망감이라니요! 저는 도저히 믿을 수가 없었습니다. 다른 아이도 아니고 제 아이가 왜요! 왜 신은 하필이면 저에게만 이런 가혹한 시련을 주신단 말입니까! 장애인 부모님 밑에서 성장한 것만도 모자라 이제 장애인 아들까지 돌봐야 한다니!

저는 다시금 하나님 앞에 무릎을 꿇고 간절하게 기도했습니다. 제발 제 아들 녀석에게 나타난 못된 병이 씻은 듯 사라지게 해달라고 말입니다. 아들 녀석의 병만 치유해 주신다면 앞으로 평생 주님을 위해서 살겠다고 맹세했죠. 살아계신 주를 찬양하고 하루하루 감사하며 살아가겠다고 말입니다……. 그리고 믿음이 부족한 많은 성도들처럼 저는 교만하게도 이런 소리까지 덧붙였습니다. 하지만 만약 제 소망을 들어주지 않을 시엔…… 저는 당신의 존재를 부정하고, 당신의 품을 영원히 떠나겠노라고…….

하지만 하나님께서는 끝내 제 기도에 대한 응답을 들려주지 않았습니다. 성경에 쓰인 것처럼 하나님께서는 인자하시지 못했습니다. 사랑이 많지 않았습니다. 제가 느낀 하나님은 가혹하고 비정한 하나님이었습니다…….

『시간이 지나면서 호전될 수도 있으니까 좀 더 인내심을 갖고 경과를 지켜보죠. 열심히 기도하고 포기하지 마십시오. 환자 개인의 의지나 보호자의 정성에 따라 때때로 의학적으로 전혀 소생 불가능하게 보였던 환자가 병을 떨치고 일어나는 경우도 왕왕 있으니까요.』

담당 의사의 말에 위안을 삼으며 저는 매일 밤 하나님 앞에 무릎을 꿇고 기도했습니다. 하지만 그것도 하나님의 뜻인지 아기는 돌이 지나도록 전혀 나아질 기미가 보이지 않았습니다. 오히려 아이의 병증은 날이 갈수록 진행되어서 이제 전형적인 뇌성마비 증상을 보이더군요. 아기는 돌이 되도록 걷기는커녕 목도 제대로 가누지 못하는 형편이었습니다. 거기다가 뇌 병변 장애로 인한 여러 가지 합병증으로 사흘이 멀다 하고 응급실 신세를 져야 했습니다.

생각지 못한 우환이 닥치자 우리 집에는 매일같이 아내와 저의 싸움 소리가 들렸습니다. 보통의 엄마들과 달리 모성애가 부족했던 아내는 자기가 낳은 자식을 무슨 벌레 보듯 끔찍해하며 힘들어 했고, 그런 아내가 못마땅해 저는 거의 매일 밤 술로 허전한 마음을 달랬습니다.

하지만 때리는 시어미보다 말리는 시누이가 더 밉다고 제게 더 큰 상처를 준 건 아내보다 오히려 아내의 부모님들이었습니다. 한때 제 장인 장모였던 분들을 험담하는 것 같아 죄송하지만, 제가 그들에게 느꼈던 섭섭함과 야속함을 무슨 말로 다 표현할 수 있을까요? 요한이가 태어난 후, 저는 아내와는 물론 아내의 부모님과도 급격하게 소원해졌습니다. 아내가 장애를 안고 태어난 요한이 때문에 괴로워하고 힘들어하자, 장모님 내외분은 저에게 차마 해서는 안 될 소리를 하였습니다. 요한이를 해외로 입양을 보내거나 장애 아동을 돌봐주는 시설에 맡기라더군요!

『자네는 그냥 모른 척하고 있으면 돼. 뒷일은 우리가 다 알아서 처리할 테니까.』

저는 할 말이 없었습니다. 명색이 외조부 조모라는 사람이, 더욱이 예수님이 가신 갈보리 십자가의 길을 좇아야 할 목사님이 되어서 어떻게 그런 무책임하고 잔인한 소릴 할 수 있단 말입니까? 게다가 그들은 요한이가 온전치 못하게 태어난 게 모두 저와 우리 집안의 비천한 가족 내력 때문이라는 식으로 말하기까지 했습니다.

하지만 그건 저와 제 부모님의 잘못이 아니었습니다. 어머니가 뇌성마비 장애인인 만큼 요한이에게 어떤 유전적 요인이 작용했을 수도 있지만, 그건 어쩌면 아내의 탓일지도 몰랐습니다. 사실 그 무렵 저는 아내와 가깝게 지내는 한 지인으로부터 우연히 아내에 대한 한 가지 비밀을 듣게 되었습니다. 미국 유학 시절 그녀는 두어 명의(더군다나 한국 사람도 아니었습니다. 한 명은 백인이었고, 한 명은 히스패닉이었습니다) 남자와 동거를 했고, 그 결과 몇 번인가 습관적인 유산을 했다는 것이었습니다. 아, 정말이지 그때 느꼈던 아내에 대한 실망감과 처가 식구들에 대한 분노감이라니요! 언젠가 저는 아내의 담당의에게 뇌성마비의 원인이 뭐냐고 물은 적이 있는데, 그 의사의 얘기가 어땠는지 아십니까? 의사의 얘긴즉, 어떤 유전적 요인이 있을 수도 있지만 그것보다는 임신중독이나 자궁 내 불안정, 혹은 습관적인 유산 등으로 인한 확률이 더 높다는 것이었습니다…….

어쨌든 저는 아내와 아내 부모님의 그런 이해할 수 없는 행동에도 불구하고 어떻게든 결혼 생활을 이어가려고 노력했습니다. 정숙치 못했던 아내의 과거에 실망한 건 사실이지만 그건 이미 저를 만나기 전에 있었던 과거의 일이었고, 물론 정숙치 못했던 아내의 과거가 자꾸 떠올라 예전처럼 아내를 뜨겁게 사랑할 순 없었지만 저는 여전히 아내를 사랑하고 있었으니까요.

『그러고도 당신이 아이 엄마야? 당신은 애초부터 애 엄마 될 자격이 없는 여자야! 아니, 여자라고 부를 수조차 없는 괴물이지! 겉모습은 아름다운 여자의 탈을 썼는지 몰라도 당신한테는 애당초 모성이란 게 결여돼 있으니까! 다른 장애아들을 가진 애 엄마들을 좀 봐. 추하고 못났지만 다들 자기 자식을 얼마나 위하고 사랑하는 줄 알아?』

물론 악에 받쳐 서로를 할퀴고 물어뜯는 부부싸움을 할 때면 다른 장애아동을 둔 엄마들과 다르게 아이를 소 닭 보듯 데면데면하게 대하는 아내를 향해 그런 모진 말들로 아내를 몰아세우기도 했습니다. 하지만 솔직히 고백하자면…… 그건 어쩌면 제 자신에 대한 부성이 의심되어서였는지도 몰랐습니다. 내색하지는 않았지만 저 또한 뇌성마비 장애를 가진 아들 녀석을 보는 일은 굉장히 힘든 일이었으니까요. 장애아를 낳았다는 충격 때문에 지금이야 요한이를 소 닭 보듯 데면데면하게 대하지만, 차차 시간이 흐르면 아내도 요한이의 장애를 인정하고 사랑하겠지, 지금은 우리 모두 이렇게 힘든 시간을 보내고 있지만 비 온 뒤에 땅이 굳듯 어떻게든 좋아지겠지…… 저는 짐짓 낙관적인 생각을 하려 노력하며 힘든 하루하루를 보냈습니다.

변명 같지만 그 무렵 제가 무리하게 사업을 확장한 것도 아내와 장인 장모님에게서 느낀 그런 섭섭함 때문이었습니다. 물론 추하고 못난, 몸이 성치 않은 장애아보단 귀엽고 예쁜 아이들에게 더 많은 사랑과 정을 느끼는 건 인지상정일 겁니다. 하지만 자신의 피붙이인 엄마와 외조부 조모들에게서까지 그런 냉대와 업신여김을 받는 요한이를 보며 저는 요한이를 위해 더 많은 돈을 벌어야겠다는 생각을 했습니다. 피를 나눈 가족들에세서소자 그런 냉대와 멸시를 받는데 하물며 피 한 방울 섞이지 않은 다른 사람들에게서야 더 말해 무엇하겠습니까? 몸이 성치 못한 이상 돈이라도 많아야 우리 어머니 아버지처럼 남들에게 무시 받지 않고 살 게 아니겠습니까?

아들 녀석이 평생을 「장애」라는 무거운 짐을 지고 힘겹게 살아가야한다는 사실을 직시한 후, 저는 제가 잘 모르는 이런저런 다른 사업에 손을 대기 시작했습니다. 모든 것이 결딴 난 지금에야 그것이 요한이를 위한다기보단 제 상처 받은 자존심을 회복하기 위한 보상심리 때문이었다는 것을 깨달았지만 어쨌든 그때는 그게 제가 요한이를 위해 할 수 있는 최선의 방법이라 여겼으니까요.

그러나 무리한 욕심은 화를 부르는 법. 나름대로는 새 사업에 대한 자신도 있었고 비전도 있었지만 한번 일어난 불행은 꼬리에 꼬리를 물고 찾아왔습니다. 제가 잘 알지 못하던 분야의 무리한 사업 확장으로 저는 결국 새 사업에 손댄 지 얼마 되지 않아 부도를 맞았고, 급기야 저는 수표법 위반이니 사기니 횡령이니 하는 죄명으로 철창신세까지 지게 되었던 것입니다.

2년 하고도 며칠을 더 감옥살이를 하다 사회로 나오자 저의 가정은 이미 완전히 풍비박산이 나 있었습니다. 제가 운영하던 회사는 물론 제가 소유하고 있던 이런저런 동산이며 부동산들도 모두 깡그리 빚쟁이들의 손에 넘어가고 없었습니다. 그러나 제게 가장 큰 실의를 안겨준 일은 요한이의 출산 후, 저와 크고 작은 부부싸움을 일삼던 저의 아내가 제 곁을 떠나버린 일이었습니다. 그녀는 제가 감옥에 있는 동안 요한이를 시댁에다 맡기고 신병(장인 장모의 설명인즉, 심각한 우울증을 앓고 있다더군요.)의 치료를 핑계 삼아 외국으로 나가고 없더군요. 고향집으로 돌아가자 몸이 성치 않은 어머니만이 (제가 감옥에서 형을 살고 있는 사이 아버님은 평소 앓고 있던 지병에다 화병까지 겹쳐 이미 돌아가시고 안 계셨습니다.) 그 사이 훌쩍 커버린 요한이를 돌보고 있더군요.

정말이지 그때 느꼈던 세상 사람들에 대한 배신감과 상실감을 무슨 말로 다 표현할 수 있을까요? 저는 정말이지 하나님이 원망스러웠습니다. 예수님처럼은 아니지만 저는 그래도 그때껏 착하고 성실하게 살아왔다고 자부할 수 있는 사람이었습니다. 불우한 환경 속에서도 나쁜 길로 빠지지 않고, 비교적 열심히, 양심적으로 말입니다. 그런데 왜 하나님은 저에게만 이토록 가혹한 시련을 주신단 말입니까?

감옥에서 나온 뒤, 저는 완전히 술에 찌든 알코올 중독자가 되어 버렸습니다. 물론 처음 몇 달간은 다시 재기해야겠다는 생각에 발이 부르트도록 열심히 뛰어다녔습니다. 업계에서 같이 사업을 하던 지인들에게 도움을 요청하기도 하고 새로운 사업을 구상하기도 했죠. 하지만 그들은 하나같이 저에게 등을 보이더군요. 제가 잘 나갈 땐 입에 혀처럼 굴고 간이라도 빼 줄 것 같던 사람들이 제가 돈 한 푼 없는 빈털터리라는 것을 알자 나병 환자 보듯 저를 경계하고 피하기 바빴습니다. 저는 얼마 지나지 않아 세상 사람들에 대한 환멸을 느끼고 술에 빠져들기 시작했습니다. 밤낮을 가리지 않고 마셨습니다. 오직 알코올만이 유일한 위안이었습니다. 적어도 술에 취해 있는 동안만큼은 세상 시름을 잊을 수 있었으니까요. 저는 많은 알코올 중독자들이 그렇듯 술을 마시다가 죽어도 좋다고 생각했습니다. 어차피 한번 왔다 한번 가는 인생. 이렇게 죽나 저렇게 죽나 상관없다고 생각했습니다. 술이 깨어 가끔씩 온전한 정신이 돌아올 땐 고향집에 맡겨놓은 요한이와 어머니 걱정에 내가 이러면 안 된다, 지금이라도 정신 차리자…… 하는 생각도 들었지만 이미 알코올 중독에다 지하철역 같은 데서 먹고 자는 홈 리스의 생활에 익숙해져버린 저로서는 도저히 정상 생활로 돌아갈 의지도 희망도 없었습니다…….

그렇게 몇 년의 시간이 흘렀을까요? 작년 연말, 저에게 또 한 번의 거센 시련이 밀어 닥쳤습니다. 그때껏 고향집에서 혼자 요한이를 돌봐온 어머니가 돌아가신 것이었습니다. 그동안 일정한 거처나 연락처도 없이 몇 달에 한 번씩 겨우 생사 정도만 알리던 저는 크리스마스를 맞이해 간단한 안부나 전할 겸 어머니가 계신 고향집으로 전화를 걸었습니다. 제 목소리를 듣자 어머니는 하염없이 울기만 하시더군요. 제가 전화할 때마다 눈물 바람을 하긴 했지만 어딘가 평상시와 다른 느낌이 들어 저는 무슨 일이 있냐고 추궁해 물었습니다. 선뜻 답을 못하길래 재차 따져 묻자, 어머니께서 말씀하시더군요. 간암 말기여서 살날이 얼마 남지 않은 것 같다고……

참말이지 하늘이 무너지는 것 같더군요! 남들에게는 어떻게 보일는지 몰라도 어머니는 저에게 하나님 이상으로 소중한 사람이었습니다. 믿음이 부족하고 도마처럼 의심이 많은 저는 때때로 예수님이 진짜 하나님의 아들인가 하는 것에 의구심이 듭니다. 하지만 저는 예수님의 삶을 진정 사랑하고 존경합니다. 예수님이 진정 신의 아들이었든 사람의 아들이었든 하는 것은 잠시 논외로 제쳐두고, 예수님이 인류 역사상 가장 위대한 스승이며 그 분의 삶을 돌이켜 볼 때 인류 역사상 가장 존경받을 만한 인물이라는 것은 믿어 의심치 않으니까요. 하지만 정의와 어머니 중 한쪽을 택해야 한다면 나는 결국 어머니 쪽을 택하겠다, 라고 말했던 까뮈처럼 저도 기꺼이 어머니 쪽을 택할 겁니다. 비록 못 배우고 아름답지 못한 육신을 갖고 태어난 분이지만 어쨌든 그 분은 하나님 이상으로 저를 사랑해주고 믿어주시는, 이 세상에 단 하나밖에 안 계신 저의 어머니였으니까요!

아무튼 저는 수화기를 놓자마자 버스비를 마련해 곧장 어머니가 계신 고향집으로 달려갔습니다. 이제 일곱 살이 된 요한이 녀석만이 홀로 병석에 누워 계신 어머니의 곁을 지키고 있더군요(어머니의 기도 덕분이었을까요? 녀석의 장애는 그동안 많이 호전되어 있었습니다. 감기처럼 씻은 듯 나아지는 병이 아니라서 녀석의 손과 발은 여전히 비틀어지고 뒤틀려 있었지만 어쨌든 녀석은 그만하면 제가 염려했던 것처럼 중증 장애인은 아니었습니다. 일반 사람들이 느끼기에 좀 흉하긴 해도 녀석은 이제 다른 사람의 도움을 받지 않고 밥을 먹을 수도 걸을 수도 있을 정도로 장애가 줄었고, 지능이라든가 자신의 의사를 전달하는 언어 능력에서는 다른 비장애인들과 마찬가지로 거의 정상적이라고 말할 수 있었으니까요.) 전화를 통해서 들었던 것처럼 어머니의 건강은 이미 회복하지 못할 정도로 망가져 있었습니다. 워낙 늦게 병원을 찾은 탓에 온 몸에 암 세포가 번져 병원에서도 도저히 손을 쓸 수가 없는 상황이라고 하더군요. 저는 미라처럼 피골이 상접한 어머니의 손을 붙잡고 거위처럼 꺽꺽 소리 내어 울었습니다.

『엄마, 정말 미안해요…… 미안해요…….』

『아…… 아니다. 지금…… 이라도 이…… 이렇게 왔으면 됐지…….』

부모의 마음이란 그런 걸까요? 부모와 자식을 저버린 불효막심한 자식이었지만 어머니는 돌아온 탕자를 맞이한 아비처럼 저를 따뜻하게 맞아주었습니다.

『너…… 너무 슬…… 퍼할 것 없다. 난…… 괘…… 괜찮다. 살만큼 살았고…… 니 아버지와…… 주…… 주님이 계신 곳으로…… 가는 거니까. 다…… 다만 죽기 전에…… 하…… 한가지…… 소…… 소원이 있다면…… 들어줄 수 있겠니?』

『말씀하세요…….』

『주…… 주님의 품으로…… 다시 돌아오너라. 이게…… 이어미의…… 마지막 소원이다…….』

『…….』

『하…… 하나님께서는 너…… 너를 사랑하신다. 니 마음은…… 아…… 안다만 언제까지 그렇게 살 거냐? 요…… 요한이를 봐서라도 이제 그만 바…… 방황하고 주님의 품으로…… 돌아와야 하지…… 않겠니?』

『……그럴 게요…….』

저는 고개를 끄덕였습니다. 하지만 임종을 목전에 둔 어머니의 마음을 편하게 해주고 싶어서였을 뿐, 저는 하나님에게로 돌아갈 생각이 추호도 없었습니다. 계속해서 저에게 이런 감당하기 힘든 시련을 주시는 하나님이 밉고 원망스러울 뿐이었습니다.

『그…… 그래 고맙다. 그래도…… 하…… 하나님께서 나랑 우…… 우리 가족을 무척 사…… 사랑하시는 것 같구나. 그…… 그동안 나…… 나도 하나님 원망을…… 많이 했다만 결국엔 네…… 네가 이렇게 다시 하…… 하나님 곁으로 도…… 돌아오시게 해주셨으니 말이다…….』

며칠 후, 어머니는 저에게 요한이를 잘 부탁한다는 유언을 남기고 결국 하늘나라로 떠나가셨고, 저는 어머니의 장례가 끝난 후 곧장 요한이를 데리고 서울로 올라왔습니다. 어머니의 바람대로 주님의 품으로 돌아가진 못하지만 적어도 제가 낳은 요한이는 제가 잘 거두어야겠다는 생각이 들더군요. 그렇습니다. 서울로 올라온 저는 알코올중독자에 홈 리스였던 그동안의 생활을 청산하고 새 삶을 시작했습니다. 요한이와 함께 여기 ○○○역 근처의 쪽방촌에 작은 쪽방을 하나 마련하고 새벽 인력시장이나 인력 사무소에서 날품을 팔기 시작했던 것입니다…….

……중언부언 떠들어대다 보니 얘기가 좀 옆으로 샌 감이 없지 않습니다만, 아무튼 사채업자의 전화를 받은 뒤 저는 한동안 불우했던 어린 시절과 파경으로 끝난 아내와의 결혼 생활들을 떠올리며 정처 없이 거리를 걸었습니다. 파란 많았던 지나온 삶을 떠올리니 떨쳐버렸던 자살에의 유혹이 다시금 머리를 들더군요.

하지만 요한이 생각을 하면 차마 그럴 수가 없었습니다. 둘이 같이 죽어버리면 모를까 몸도 성치 못한 아들 녀석을 두고 저 혼자 어떻게 죽을 수 있겠습니까? 그러고 보면 세상은 참으로 아이러니 합니다. 제가 자살 충동을 느끼는 이유 중 적지 않은 부분이 요한이 녀석에게 기인하는 게 사실이지만, 제가 지금껏 이런 고생을 하며 구차스런 삶을 유지하고 있는 이유도 바로 요한이 녀석 때문이니 말입니다.

아무튼 그런 이런저런 생각들을 하며 정처 없이 거리를 걷는데…… 문득 『불우한 이웃을 도웁시다~! 불우한 이웃을 도웁시다~!』 하고 외치는 구세군의 마이크 소리와 함께 교회의 봉사단체에서 나온 듯한 몇 명의 청소년들이 트롬본이라든가 트럼펫 따위의 몇 가지 악기로 크리스마스 캐럴을 신나게 연주하는 모습이 눈에 들어오더군요. 저는 잠시 구세군의 자선냄비 앞에 멈춰 서서 그들의 모습을 지켜보다가 구세군 냄비에 몇 푼의 돈을 던져 넣었습니다. 흥겨운 캐럴 소리에다 불우한 이웃들을 위해 선행을 - 비록 몇 푼의 잔돈밖에 안 되지만 - 베풀었다고 생각하니 우울했던 기분이 한결 밝아지는 것 같더군요. 아기 예수의 탄생을 찬양하는 신나는 캐럴을 듣고 있자니 문득 요한이 생각이 나더군요. 참, 근데 요한이 녀석은 일어났나? 시계를 보니 그때쯤은 요한이를 돌봐주기 위해 한나 선생님이 우리 집에 도착해 있을 시간이더군요. 저는 휴대폰에 저장되어 있는 한나 선생님의 전화번호를 찾아 한나 선생님에게 전화를 걸었습니다.

『예, 요한이 아버님. 네, 좀 전에 도착했어요. 아뇨, 밥은 아직…… 아뇨, 오늘은 특별히 저희 집에서 저랑 같이 먹으려고요. 생일날이라고 해서 조촐하게 생일상을 차려놨거든요.』

하루 이틀 신세를 지는 게 아니지만 한나 선생님에 대한 미안함과 고마움으로 저는 하마터면 울음을 터뜨릴 뻔했습니다. 여기 계시는 분들은 대부분 다 알고 계실 테지만, 그녀는 제가 지금 서 있는 여기 이 교회의 집사님으로 테레사 수녀님 못지 않게 숭고한 사상을 가진 사랑의 교사입니다. 쪽방촌 근처의 불우한 이웃 – 독거노인, 소년소녀 가장, 장애인, 노숙인 등등 – 들을 위해 희생하고 봉사 하느라 1년 365일 눈코 뜰 새가 없는 분이시죠. 그래요, 요한이가 다니는 어린이집의 담임교사인 그녀는 돈을 벌기 위해 부득불 요한이만 남겨둔 채 새벽 일찍 일을 나간다는 저의 딱한 사정을 알고는 매일 아침 우리 집으로 와서 요한이를 씻기고 돌보아주는 고마운 분이었던 것입니다.

『안 그러셔도 되는데…… 번번이 수고만 끼치고…… 정말 어떻게 감사를 드려야할지…….』

『별 말씀을…….』

『죄송합니다. 오늘 같은 날은 제가 요한이 곁에 있어야 되는데…….』

『아뇨, 이해해요. 곁에 있고 싶어도 못 있을 수밖에 없는 요한이 아버님 마음은 어떠시겠어요?』

『…….』

『참, 요한이 바꿔 드릴까요? 요한아, 전화 받아 봐. 아빠한테 전화 왔어.』

『아, 아뇨, 됐어요…… 이따가 다시 하든가 하죠 뭐.』

또 교회 얘기를 하며 떼를 쓸까봐 서둘러 전화를 끊으려는데, 요한이가 전화를 받더군요.

『아빠 뭐해?』

『으응…… 일해. 아빠 지금 바쁘니까 이따가 다시 통화하자.』

『아빠 잠깐만! 10초면 돼.』

『뭔데? 빨리 말해봐.』

『으응, 딴 게 아니고…… 아빠 오늘 소장 아저씨한테 말해서 좀 일찍 마치면 안 돼? 아빠가 오면 정말 오늘 있을 찬양 대회에서 1등 먹을 수 있을 것 같은데…….』

『……안 된다고 했잖아.』

『오면 좋은데…….』

『너 자꾸 아빠 힘들게 할래? 그 얘긴 아빠가 어제 저녁에 충분히 알아들을 만큼 얘기 했잖아. 나도 꼭 가고 싶지만 일이 바빠서 도저히 그럴 수가 없다고.』

『네에…… 알았어요…….』

풀이 푹 죽은 요한이의 목소리를 듣자, 요한이의 바람대로 교회로 갈까 하는 생각도 없지 않았습니다. 하지만 그러기에는 아직 제 마음이 하나님과 세상사에 대한 원망으로 너무 강퍅해져 있었습니다.

『그래 선생님 말씀 잘 듣고. 이따가 다시 전화할게.』

요한이와의 통화가 끝난 후, 저는 새삼 제가 못나고 옹졸한 아빠라는 자괴감으로 괴로웠습니다. 수중에 땡전 한 푼 없이 하루하루 벌어먹고 사는 형편이라 하루라도 일을 쉴 수 없는 처지이긴 하지만, 오늘은 무슨 일이 있어도 하루쯤 쉬면서 요한이와 함께 시간을 보내는 게 옳았습니다. 오늘은 녀석의 8번째 맞는 생일인 동시에 크리스마스 이브 날이었으니까요. 더욱이 녀석은 오늘 자신이 다니는 교회에서 아주 중요한 공연을 앞두고 있었습니다…….

『아빠, 나 아빠한테 부탁할 게 하나 있는데…….』

며칠 전 잠자리에서 요한이가 조심스레 물어왔더랬습니다.

『? ……뭔데?』

『으응, 다른 게 아니고…… 이번 크리스마스 이브 날이 내 생일이잖아? 응? 그래서 말인데…….』

『얘기해봐. 왜 뭐 선물 받고 싶은 거 있어?』

그때까지만 해도 저는 요한이가 며칠 뒤에 있을 자기 생일 얘기를 꺼내는 줄 알았습니다. 무슨 선물을 받고 싶다거나 놀이 공원에 가고 싶다거나 하는 부탁인 줄로만 알았습니다.

『그게 아니고…… 그날 하루 쉬면 안 돼요?』

『왜? 어디 가고 싶은 데 있어? 얘기해봐, 괜찮아.』

『으응…… 다른 게 아니고…….』

까닭인즉 요한이가 내일 모레 있을 크리스마스 행사 때 유치부 대표로 노래 찬양을 하기로 했는데, 아빠가 꼭 교회로 와서 자신을 응원해줬으면 한다는 얘기였습니다. 그리고 더불어 자신이 세상에서 아빠 다음으로 좋아하는 한나 선생님과 함께 같이 저녁 식사도 하고, 저녁예배도 드리고 하면서 즐겁고 행복한 크리스마스를 보냈으면 한다고…….

『……그래? 근데 어쩌지? 아무래도 그날은 일이 바빠서 좀 곤란할 것 같은데…….』

예수를 믿지 않는 사람들에게도 마찬가지지만, 예수를 믿는 교인들에게 있어 크리스마스 이브는 1년 중 가장 기쁘고 큰 잔치 날입니다. 저녁 예배 전 교회 어린이들과 청소년들은 성극을 하거나 찬양을 하고, 그 부모님들은 거의 아이들의 재롱 잔치에 가까운 성극과 찬양을 보며 예수님이 이 땅에 오심을 기뻐하고 경배하는 날이죠. 그런 날인만큼 예수를 믿든 안 믿든 자녀를 키우는 부모라면 마땅히 그 자리에 참석해 아들 녀석의 공연에 응원을 보내고 축하를 해주는 게 도리일 겁니다. 하지만 안타깝게도 저는 요한이의 소원을 들어줄 수가 없었습니다. 앞서도 잠깐 말씀 드렸듯이 거의 인생의 막장까지 가는 끝없는 추락 과정을 거치면서 저는 왠지 알 수 없는 피해의식과 대인기피증 때문에 사람이 많이 모이는 자리에 가는 걸 죽을 것처럼 꺼렸던 것입니다. 더욱이 그곳이 다른 곳도 아닌 교회인 까닭에 저는 도무지 그곳에 갈 엄두도, 용기도 나지 않았습니다.

그랬습니다. 형편상 어쩔 수 없이 요한이를 교회 어린이집에 맡기고, 또 한나 선생님 같이 훌륭한 봉사자들로부터 많은 도움을 받으며 살아가고 있는 게 사실이지만 저는 언제부터인가 교회와 교회 성도들에 대해 적지 않은 반감과 불신을 품고 있었습니다. 간혹 한나 선생님처럼 진실한 기독교인들을 보면 저의 편협함과 옹졸함이 부끄러울 때도 있었지만 한때 제 장인 장모였던 목사님 내외분과 제 아내로부터 – 그리고 불우했던 유년 시절부터 보아왔던 이런저런 많은 기독교인들 – 받은 상처를 생각하면 교회 쪽으로는 고개도 돌리고 싶지 않았습니다. 그들이 입만 떼면 떠벌이는 사랑, 소망, 믿음, 나눔, 섬김, 희생, 봉사, 용서…… 등등의 낱말은 그야말로 겉 다르고 속 다른, 헛된 구호요 거짓과 가식에 지나지 않다고 느꼈기 때문입니다.

『대신 일 끝나고 난 뒤에 아빠가 근사한 생일 파티 열어 줄게. 니가 좋아하는 햄버거랑 피자도 먹고, 동화책도 선물하고…… 알았지?』

『치이, 난 그딴 거 다 필요 없어. 그런 거보다 난 그날 아빠가 나랑 같이 놀아주는 게 더 좋단 말이야. 아빠, 응? 다른 날도 아니고 생일날인데 아빠 그런 부탁도 하나 못 들어줘?』

평소답지 않은 녀석의 완강한 태도에 저는 일단 한발 물러섰습니다.

『알았어. 아빠가 소장 아저씨한테 얘기 함 해볼게. 그래도 안 되면 할 수 없는 거야? 알았지?』

『그 대신 아빠도 거짓말하기 없기야 알았지? 교회 오기 싫어서 소장님한테 얘기도 안 해놓고 했다고 거짓말하기 없다고. 자, 약속!』

『알았어. 진짜 얘기할 거야. 맹세할게. 약속!』

적당한 핑계로 둘러대고 약속을 지키지 않을 생각이었지만 그래도 제 새끼라고 저는 아들 녀석이 무슨 노래를 부를지 궁금했습니다. 만약 교회가 아니고 학교나 다른 무대에서 노래를 했다면 전 기꺼이 녀석을 응원해주러 그 자리에 참석했을 겁니다.

『근데 무슨 노래 부를 건데? 정말 잘할 자신 있어?』

『당근이지! 아빠도 알잖아? 내 노래 실력! 아빠만 와서 응원해주면 틀림없이 1등 먹을 수 있을 거야.』

음악을 했었던 제 외할머니와 엄마의 피를 물려받아서였을까요? 저는 요한이에게 약간의 음악적 재능이 있다는 사실을 알고 있었습니다. 보기와는 다르게 녀석은 장래 성악가나 가수가 되는 게 꿈일 정도로 노래를 곧잘 불렀습니다.

『무슨 노래 부를 건데? 아빠 앞에서 함 불러봐.』

녀석은 리허설삼아 저에게 「유 레이즈 미 업」(그 노래는 「시크릿 가든」이란 외국 팝 그룹의 노래로 원래 CCM으로 제작된 노래였지만, 미국의 9 · 11테러와 국내의 한 보험 CF의 배경 음악으로 쓰이는 바람에 제 귀에도 약간은 익숙한 곡이었습니다.)이란 노래를 불러주었는데, 평소 녀석이 무척 노래 부르기를 좋아하고 노래에 소질이 있다는 건 알고 있었지만 저는 녀석이 그처럼 노래에 훌륭한 재능이 있는 줄은 처음 알았습니다. 뇌 병변 장애로 인해 다소 부정확하고 어눌하게 들리는 발음이 흠이었지만 그 점만 뺀다면 녀석의 노래 솜씨는 또래의 어떤 아이들 못지않게 훌륭했습니다.

『어때요? 아빠 나 노래 잘 하죠 응?』

『으, 으응, 그래……. 잘하네! 연습 많이 했나 보지?』

『예, 은혜랑 같이 한 달쯤 연습했어요.』

『은혜는 누군데? 듀엣으로 부르는 거야?』

『아니, 은혜는 피아노 반주, 그리고 난 노래.』

『근데 그 노래는 어떻게 배웠어? 선생님이 가르쳐준 거야?』

『응. 선생님께서도 가르쳐 주시고…… 그리고 선생님께서 주신 CD를 듣고 배웠어요.』

그러더니 한나 선생님이 선물했다는 「코니 탤벗」이란 소녀가 노래한 CD를 보여 주더군요. 요한이의 설명과 CD에 적힌 코니 탤벗의 약력을 보고 안 일이지만, 코니 탤벗은 요한이와 동갑인 8살짜리 영국 소녀로, 영국의 유명한 TV - 미래의 스타나 예술가를 꿈꾸는 일반인들이 출연하는 - 쇼 프로에 출연하는 바람에 평범한 꼬마에서 일약 세계적인 스타가 된 천재 소녀더군요.

『선생님이 그러는데…… 내가 몸이 불편한 장애인이긴 해도 꿈을 잃지 않고, 매일매일 열심히 노력하면 나도 코니처럼 얼마든 유명한 스타도 될 수 있고 음악가도 될 수 있대요. 그리고 선생님이 그러는데 나처럼 장애를 가진 사람 중에서도 장애를 극복하고 훌륭한 음악가가 된 사람들이 무지 많대요. 레나 마리아, 이희아, 음 또 그리고…… 하모니카 부는 아저씨도 있었는데 이름이 뭐랬더라?…… 아무튼 그날은 무슨 일이 있어도 아빠가 꼭 와줘야 돼. 알겠지? 아빠가 와서 응원해 주면 아까 보다 훨씬 더 잘할 수 있을 것 같단 말이야…….』

저는 평소 또래의 어린아이들답지 않게 아빠의 어려운 상황을 잘 이해하고 조르는 법이 없던 요한이가 왜 그렇게 그날만큼은 교회로 나오라고 하는지 잘 알고 있었습니다. 아이들에게 가장 신나고 즐거운 날은 누가 뭐래도 소풍, 운동회, 생일, 크리스마스…… 등의 날일 겁니다. 하지만 제 유년 시절에 비추어 볼 때 그런 날들은 가장 신나고 즐거운 날들임에 분명하지만, 또한 그런 날들은 저나 요한이 같은 불우한 환경을 가진 어린이들에겐 가장 서럽고 우울한 날이기도 합니다. 부모님께서 거동이 불편한 장애인인 관계로 소풍이며 운동회 같은 어린이들의 잔칫날에 제 부모님은 한 번도 참석한 날이 없었던 것입니다. 겪어 보지 않은 사람들은 그 마음을 잘 모르실 겁니다. 그런 일들이 한창 자라나는 어린이의 가슴에 얼마나 큰 슬픔과 상처를 남기는지……. (이제 어엿한 한 아이의 아빠가 된 지금도 그때 느꼈던 서러움과 슬픔으로 가슴 아파했던 기억이 새록새록 떠오르니까 말입니다.)

그게 얼마나 큰 상처가 되는지 알면서도 계속해서 고집을 피

우다니! 난 아빠도 아냐. 나같이 못난 아빠는 차라리 없는 편이 나아. 아빠 노릇을 제대로 못한다는 죄책감에 저는 잠시 길가의 벤치에 앉아 제 자신을 책망했습니다. 그리고 요한이와 함께 보낸 지난 1년여 간의 생활을 곱씹어보았습니다. 돌이켜보니 정말이지 그동안 하루하루 어떻게 버티었나 싶게 힘든 나날들이었습니다. 남자 혼자 아이를 키우는 일은, 더욱이 몸이 성치 않은 장애아를 키우는 일은 결코 쉬운 일이 아님에 분명합니다. 하지만 곰곰 생각해 보니 저는 요한이에게 제대로 된 아빠 노릇을 해본 적도, 그리고 자랑스러운 아버지였던 적도 없었습니다. 돈을 벌어야한다는 핑계로 저는 요한이를 교회 어린이집에 맡기고 변변히 놀아준 적도 신경을 써준 적도 없었으니 말입니다.

안 그러려고 했지만 지금의 제 처지를 생각하니 새삼 절 버리고 떠난 아내와 제게서 등 돌린 세상 사람들에게서 화가 나더군요. 무엇보다 하나님이 원망스러웠습니다. 세상을 한탄하고 하나님을 원망하는 저에게 어머니는 항상 이런 말씀을 하셨더랬습니다.

『너…… 너무 낙담하지 마라. 하…… 하나님께서 반드시 너를 구해 주실 게다. 암. 지……지금 너에게…… 이런 시련을 주시는 건 틀림없이 너…… 너를 더 큰 하나님의 도구로 쓰시려 하는 뜻…… 뜻일 게다. 요…… 욥을 봐라. 그…… 그에게서 얼마나 많은 것을 앗…… 앗아가셨니? 하…… 하지만 나중에는 어떻게 됐니? 미…… 믿음…… 하나로, 모든 것을 순종하고 주님의 뜻에 맡긴 결과, 나중에는…… 겨…… 결국 잃어버린 것의 몇…… 몇 곱절을 다시 얻는…… 여…… 영광과 축복을 주시지 않으셨니?』

하지만 저는 더 이상 성경을 믿지도, 욥처럼 하나님에 대한 믿음이 굳건하지도 않았습니다. 하나님이란 그저 나약한 인간이 만들어낸 한낱 미신에 불과하며, 성경이란 것도 하나님을 팔아 돈이나 권력을 얻으려는 거짓 예언자나 거짓 사도들이 지어낸 3류 소설에 다름 아니라는 것이 그때까지의 제 솔직한 심정이었으니까요.

하나님! 당신 정말 그 위에 계신 거 맞습니까? 그렇다면 제게도 다시 한 번 살아갈 수 있는 힘을 주십시오. 왜 저에게만 유독 이런 혹독한 시련을 주신단 말입니까? 잿빛으로 흐린 겨울 하늘을 올려다보며 저는 속으로 그렇게 하나님을 원망했습니다. 그리고 문득 이 즈음 자주 하던 버릇대로 로또나 몇 장 사야겠다고 생각했습니다. 눈에 보이지도 않는 하나님을 믿고 의지하기보다는 차라리 로또의 확률과 제 운을 믿는 일이 훨씬 현명한 일로 여겨졌으니까요. 요한이의 바람대로 교회로 가느냐 마느냐 하는 일은 좀 더 고민을 한 다음 결정을 내리기로 하고 저는 로또 판매점을 찾아 길을 나섰습니다.

저는 근처에서 가장 당첨 확률이 높다는 복권 판매점을 찾아 지하철역 앞으로 갔습니다. 역 입구 바로 앞의 로또 판매점에서 몇 장의 로또를 산 후, 막 가게를 나올 때였습니다. 역 안에서 불이라도 난 걸까요? 척 보기에도 노숙자로 뵈는 걸레뭉치 같은 행색의 한 남자가 『비켜! 비켜!』소리를 지르며 성난 투우처럼 제 앞으로 헐레벌떡 뛰어오는가 싶더니, 미처 제가 피할 겨를도 없이 퍽! 하고 제 어깨를 치며 뛰어가더군요.

『에이. 뭐야!』

저는 이맛살을 찌푸리며 제 어깨를 치고 달아나는 노숙자의 뒷모습을 의아하게 쳐다보았습니다. 무슨 연유인지는 알 수 없지만 남자의 어깨에는 행색에 어울리지 않게 바이올린 가방이 매달려 있었습니다.

무슨 일인지는 몰라도 남자는 아마도 누군가를 피해 달아나는 중인 모양이었습니다. 뒤에서 누가 쫓아오기라도 하는지 남자는 연신 뒤를 힐끔힐끔 돌아보며 어느새 차가 쌩쌩 달려가는 차도를 겅중겅중 뛰어 건너가고 있었으니까요.

아니나 다를까, 노숙자에 곧이어 20대 중반으로 보이는 한 여자가 숨이 턱 밑까지 차서는 제 앞으로 달려왔습니다. 헉헉 가쁜 숨을 몰아쉬며 노숙자의 행방을 뒤쫓던 여자가 사색이 된 얼굴로 저에게 묻더군요.

『아저씨…… 헉헉…… 호, 혹시…… 방금 바이올린…… 들고 달아난 사람 못 보셨어요?』

저는 방금 남자가 뛰어간 차도를 가리켰습니다. 하지만 그 남자는 그 새 차도를 건너서 반대편 길의 어딘가로 감쪽같이 사라지고 없었습니다.

『어, 어디로 갔지? 방금 저쪽으로 뛰어 갔는데…….』

순간 맥이 탁 풀리는지 갑자기 여자가 술을 마신 사람처럼 중심을 잃고 비틀비틀 하는가 싶더니, 그만 정신을 잃고 땅바닥에 털썩 쓰러지고 말았습니다.

『이봐요, 아가씨? 정신 차려요! 정신 차려 봐요. 아가씨!』

저는 정신을 잃고 쓰러진 여자를 몇 번 흔들어 깨워보았습니다. 하지만 여자의 의식은 좀체 돌아오지 않았습니다. 갑자기 쓰러진 여자로 인해 주변엔 어느새 많은 구경꾼들이 몰려들었고, 누군가 빨리 119로 연락을 하는 것이 좋겠다는 소리에 저는 황급히 휴대폰으로 119 버튼을 눌렀습니다…….

여자는 119대원들의 손에 이끌려 병원으로 실려갈 때까지 정신을 차리지 못했습니다.

쯧쯧, 젊은 아가씨가 안 됐군. 어쩌다 바이올린을 도둑 맞아가지고. 근데 설마 바이올린을 잃어버린 것 때문에 쓰러진 것은 아닐 테고…… 평소에 다른 지병이라도 있었나? 요란한 사이렌과 함께 병원으로 달려가는 구급차의 뒤꽁무니를 보며 막

자리를 뜨려 할 때였습니다. 그 노숙자가 제 눈에 띈 것은!

『!…….』

확실히 범인은 자기가 저지른 범행 현장에 다시 나타나고 싶은 심리가 있는가 봅니다. 자신이 저지른 사건의 추이가 궁금했던지 아까 그 여자의 바이올린을 훔쳐 달아났던 그 노숙자가 반대편 길가의 가로수 뒤에 숨어 이쪽을 훔쳐보고 있다가 저랑 눈이 딱 마주친 것이 아니겠습니까!

그 순간 노숙자는 저를 피해 허겁지겁 달아나기 시작했고, 저는 저도 잘 알 수 없는 사이 어느새 차들이 지나다니는 도로를 건너 그 노숙자의 뒤를 쫓기 시작했습니다.

쫓고 쫓기는 한참의 추격전 끝에 저는 사람이 다니지 않는 막다른 골목에서 그 노숙자를 붙잡을 수 있었습니다. 아침부터 술을 마셨는지 그 사람의 입에서는 심한 알코올 냄새가 나고 있었습니다.

『뭐야? 왜 이래? 당신이 뭔데 죄 없는 사람 뒤쫓고 난리야? 이거 못 놔?』

『몰라서 물어요? 당신이 아까 그 아가씨 바이올린 훔쳤잖아? 아니에요?』

『무슨 잠꼬대야? 이 바이올린은 내 거야! 뭔가를 오해한 거 같은데…….』

『자꾸 오리발 내밀래요? 웬만하면 한번 봐줄까 했더니…… 그럼 나랑 같이 경찰서로 갑시다! 그럼 당신이 거짓말을 하는지 참말을 하는지 금세 밝혀질 테니까.』

『아니 잠깐만요, 잠깐만! 일단 이거부터 놓고 좀…….』

노숙자의 멱살을 잡고 경찰서로 끌고 가려고 하자, 그제야 노숙자가 황급히 실토하며 용서를 빌더군요.

『사실은…… 그게 어떻게 된 거냐면…….』

바이올린을 도난당한 여자는 아마도 바이올린을 전공한 가난한 음악도이거나 거리 연주자였던 모양이었습니다. 그 여자는 그 이른 아침 출근 시간에 지하철 이용자들을 상대로 거리 연주를 하고 있었는데, 그 노숙자가 여자의 방심을 틈 타 날치기 한 것이라고 했습니다.

『……미안해요. 나도 원래 나쁜 사람은 아닌데 배가 고파서 그랬어요. 내 꼴을 보면 알겠지만 돈이 없어서 어제 낮부터 아무것도 못 먹었거든. 뱃가죽이 등에 달라붙어서 거의 아사 직전이라구. 그러니까 제발 경찰서만 끌고 가지 마요. 바이올린은 돌려줄 테니까.』

저는 순순히 그 노숙자를 용서해주기로 했습니다. 죄는 밉지만 거의 거지나 다름없는 그 노숙자의 꼬락서니를 보니 굳이 경찰을 부를 필요까진 없겠다는 생각이 들었습니다.

『알았어요. 당장 그 바이올린이나 돌려줘요.』

제가 좀 물렁하게 보였던 걸까요? 그 순간 제 눈치를 흘끔흘끔 살피던 노숙자가 제게 웃기지도 않는 거래를 제의 해왔습니다.

『근데…… 잠깐 할 말이 있는데…….』

자신이 잘 아는 장물업자가 있는데, 거기 가서 넘기면 최소한 10만~20만원은 줄 거 같으니까 반씩 돈을 나누자는 것이었습니다.

『뭐요? 이 사람이 정말 사람을 뭐로 보고…… 그걸 지금 말이라고 해요?』

『아니 싫음 말지 그냥 생각나서 해본 말 갖고 뭘 그렇게 인상을 쓰고 그래요?』

제가 불같이 화를 내자 노숙자는 슬그머니 꼬랑지를 내리더군요. 그러나 그는 또 다른 말로 저의 속을 뒤집었습니다.

『좋아, 그럼 그건 관두고 만 원짜리나 두어 장 줘 봐요.』

『뭐요? 내 참 정말 어이가 없어서…….』

확실히 제가 좀 물렁해 보이긴 물렁해 보였던 모양입니다. 자신의 뜻이 관철되지 않자 노숙자는 끝내 배 째라는 식으로 억지를 부리더군요.

『그것도 안 돼? 씨팔, 그럼 경찰에 신고를 하든 감옥에 처넣든 당신 맘대로 해! 난 죽었으면 죽었지 그냥은 못 돌려주겠으니까! 당신도 봤잖아? 나도 죽을 각오로 이 바이올린을 날치기한 거라고. 감옥 갈 생각이랑 차에 치어 죽을 각오하고 훔친 거란 말야.』

저는 결국 만 원짜리 두 장을 던져 주고서야 바이올린을 건네받을 수 있었습니다. 사내의 뻔뻔스러움에 어처구니가 없었지만 저도 한때 사내와 같은 알코올 중독에 노숙자였던 시절이 있었고, 부끄러운 얘깁니다만 그땐 저도 소주 한 병을 얻기 위해 거의 구걸이나 다름없는 행동을 하곤 했으니까요. 『대신 이걸로 술 마시지 말고 꼭 밥 사 드세요. 아셨죠?』

『고마워. 형씬 복 받을 거야. 메리 크리스마스.』

노숙자와 헤어진 후, 저는 119로 전화를 걸어 바이올린 여자의 행방을 물었습니다. 아까 제보를 했던 제보잔데 여자의 잃어버린 소지품을 전해 주려고 한다고 하니 여자가 실려간 병원을 알려주더군요.

하지만 제가 그 병원에 도착했을 땐 이미 그 바이올린 여자는 병원을 나가고 없었습니다. 여자는 다행히 응급실로 실려온 지 얼마 지나지 않아 의식을 회복했는데, 몇 가지 검사라도 받고 가라는 의사의 만류에도 불구하고 황망히 병원을 떠났다는 얘기였습니다.

『방금 나갔다구요? 그럼 혹시 연락처 같은 거 좀 알 수 없습니까? 아님 이름이나 주소 같은 거라도…….』

『몰라요. 뭐가 그리 급한지 그냥 응급처치비만 내고 사라지는 바람에…….』

저는 낙담한 얼굴로 터덜터덜 병원 문을 나섰습니다. 내 코가 석 자인데 괜히 또 오지랖 넓은 짓을 했나 싶은 게 여자를 찾는 일이 묘연하더군요. 무슨 대가를 바라고 한 일은 아니지만 저는 어쨌든 바이올린을 찾아주면 바이올린 주인 여자에게 고맙다는 인사와 함께 제가 투자한 2만 원은 마땅히 돌려받을 수 있을 거라 생각했거든요.

이제 어떻게 해야 하지? 경찰서에 신고를 해야 하나? 아니면 지하철 분실물 센터에? 저는 제 손에 덩그러니 들려진 바이올린 케이스를 물끄러미 내려보다가 슬쩍 바이올린 케이스를 열어 보았습니다. 혹시 그 사내가 바이올린을 망가뜨리지나 않았을까 하는 걱정이 들기도 했고, 또 제가 들고 있는 바이올린의 값어치가 어느 정도 나가는 것인가 하는 호기심에서 말입니다.

바이올린 케이스를 여는 순간, 저는 제 앞에 놓인 바이올린을 보고 눈이 휘둥그레졌습니다. 바이올린을 전공한 아내 덕분에 저는 그래도 바이올린이란 악기에 대해서 약간의 지식을 가지고 있는 편이었습니다. 그렇다고 뭐 제가 「진품명품」에 나오는 감정위원들처럼 이건 얼마짜리다 저건 가짜다 하고 판정을 내릴 수 있을 만큼 해박한 지식을 가진 건 아닙니다만……, 아무튼 그 바이올린을 척보는 순간 저는 그 바이올린이 예사 바이올린이 아니라는 걸 직감할 수 있었습니다. 전문가가 아니라서 뭐라고 조목조목 설명할 순 없지만 제 판단으로 볼 때 그 바이올린은 아마추어용이 아닌, 전문 연주자용임에 틀림이 없는 것 같았습니다. 바이올린을 만든 목재며 만듦새가 족히

100년은 되었을 것 같은, 장인의 손길이 느껴지는 물건이었습니다…….

그러나 더욱 놀란 건 그 다음이었습니다. 그 바이올린 가방 속에는 다행스럽게도 바이올린 주인의 신분을 알 수 있을 만한 몇 가지 자질구레한 소지품과(성경책, 수첩, 명함, 간단한 상비약 등) 함께 몇 장의(아마도 그녀의 가족들로 보이는) 사진들이 들어 있었는데, 그 사진을 보는 순간 저는 마치 타이슨의 핵 펀치에 맞은 사람처럼 한동안 정신이 멍했습니다.

맙소사! 그 사진 속의 주인공은 다름 아닌 제니 정이었습니다! 굳이 설명해드리지 않아도 제니 정이 누구인가는 여러분들도 잘 알고 계실 겁니다. 그녀는 장영주와 함께 한국이 낳은 세계 정상의 천재 바이올리니스트이니까요.

이게 어떻게 된 거지? 대체 뭐가 어떻게 된 일이야? 사태가 언뜻 파악 되지 않아 저는 아까 제 앞에서 쓰러진 그 여자의 모습을 떠올려보았습니다. 그럼 그 여자가 제니 정이었단 말이야? 에이, 설마! 그럴 리가…….

하지만 기억을 되돌려 그 여자의 모습을 곰곰 되짚어보니 아까 제 앞에서 쓰러진 여자가 제니 정과 많이 닮았다는 생각이 들더군요. 하도 경황이 없어 그 당시엔 무심코 지나쳤지만 제니 정 – 또한 재미교포 – 특유의 빠다 냄새 나는 말투며 「안젤리나 졸리」를 닮은 도톰하고 육감적인 입술로(나중에 듣게 되었지만 사람들이 알아볼까 하는 마음에 그녀는 야구 모자를 푹 눌러 쓰고 있었고, 콘택트렌즈를 끼고 대외적인 활동을 하는 평소와 달리 두꺼운 뿔테 안경을 쓰고 있었습니다.) 볼 때 그녀는 제니 정이 틀림없었습니다! 하지만 말이 안 되잖아? 그 시각에 왜 제니 정 같이 유명한 여자가 지하철역에서 연주를 한단 말이야? 더군다나 그녀는 현재 미국에 살고 있잖아? 그래, 혹시 바이올린을 분실한 여자가 제니 정이 아니고 제니 정의 동생이거나 친한 친구일지도 몰라. 사진은 워낙 친분이 있다 보니 갖고 다닐 수도 있는 거고……. 혼잣말을 중얼거리던 저는 병원 근처에 보이는 PC방으로 달려갔습니다. 제니 정에 관한 정보며 연주 일정 따위를 검색해 보면 제 손에 들려 있는 이 바이올린의 주인이 정말 제니 정인지 아닌지는 금방 알 수 있을 테니까요.

오 맙소사! 제니 정의 정보를 검색한 지 10분도 안 돼 저는 제가 갖고 있는 바이올린의 주인이 제니 정이라는 것, 그리고 지금 제 눈앞에 있는 바이올린이 엄청나게 비싼 명품 바이올린이라는 사실을 알게 되었습니다! 도저히 믿을 수 없는 얘기였지만 인터넷에 뜬 정보는 그녀가 분명히 제니 정이라는 사실을 말해주고 있었습니다. 그녀는 그녀의 음악을 사랑하는 국내 팬들을 위해 몇 년 만에 다시 고국을 찾았고, 며칠 전부터 한국에 머물고 있었습니다. 그리고 그녀가 사진 속에 들고 있는 바이올린은 분명 제가 들고 있는 바이올린과 똑같았습니다!

스트라디바리우스! 그렇습니다, 그 악기는 클래식 음악에 별 관심이 없는 사람조차도 한번쯤 들어봤음직한 명품 중의 명품 악기였습니다. 우리나라 돈으로 최소 30억, 40억 이상은 호가한다는…….

포털 사이트의 검색 창을 닫고 PC 방을 나설 때만 해도 저는 그 바이올린을 제니 정에게 돌려줄 수 있다는 생각에 그저 기쁘기만 했습니다. 세상에 어떻게 이런 일이 다 있지? 다행히 그 노숙자한테 들인 내 돈 2만 원은 돌려받을 수 있겠군. 아냐, 어쩌면 고맙다고 약간의 사례금을 줄지도 모르겠다. 그럼 사례금은 필요 없다고 하고 아들 녀석에게 생일 선물로 갖다 주게 사인이나 한 장 해달라고 하자. 기왕이면 핸드폰으로 기념 사진도 한 장 찍고…….

하지만 PC 방이 있던 3층 건물을 내려왔을 땐 이미 제 마음 속에는 사악한 뱀 한 마리가 떡하니 똬리를 틀고 있었습니다. 마치 「반지의 제왕」에 나오는 인물들처럼 반지가 주는 부와 탐욕 앞에 정의와 양심을 빼앗겼던 것입니다. 제 마음 속에 똬리를 틀고 있던 뱀이 제 귀에 대고 속살거렸습니다.

– 이봐, 친구. 자네 돌았어? 그 바이올린을 정말 제니 정인가 뭔가 하는 여자한테 돌려주겠단 거야? 돌았군, 돌았어! 그냥 눈 딱 감고 자네가 그 바이올린을 가져. 아까 봤지? 그 바이올린이 얼마나 비싼 악긴지? 그 돈이면 자네도 이젠 고생 끝이야. 뇌 병변 장애로 평생을 장애를 안고 살아가야 할 아들에게 얼마든 좋은 교육도 시킬 수 있고, 아귀 새끼 같은 사채업자들에게 더 이상 들볶이지 않아도 된다구. 뿐이야? 자네도 이제 지긋지긋한 가난에서 벗어나 새 삶을 시작해야지. 요한이를 제 자식처럼 돌봐줄 착한 마음씨를 가진 여자를 얻어 새장가도 가고 예전처럼 사업도 새로 시작하고 말이야…….

– 꼬드기지 마. 그래도 이건 아냐. 어릴 때부터 찢어지게 가

난했고 또 지금도 거의 거지처럼 살고 있지만 적어도 난 이제껏 남의 물건을 도둑질 하거나 양심을 팔면서 살진 않았어.

– 미쳤군! 아직 고생을 덜했나보지? 굴러들어온 복을 걷어차도 유분수지…… 그 바이올린이 자네 손아귀에 들어온 이상 그 물건은 이미 자네 거야. 자네 사정이 하도 딱하니까 하늘에서 선물한 거라구. 그래, 자넨 로또에 맞은 거야! 그냥 그렇게 생각하고 눈 한번 질끈 감고 양심을 외면해 버려. 양심이 밥 먹여 주는 건 아니잖아?

저는 복잡한 마음의 갈등으로 한강 둔치로 가서 대낮부터 소주를 마셨습니다. 가슴이 두방망이질 치고 다리가 후들거려 술이라도 마시지 않고서는 불안해서 미쳐버릴 것 같았습니다. 소주를 병째 들이켜며 저는 갈등에 갈등을 거듭했습니다. 양심을 지킬 것인가? 돈을 택할 것인가? 그리고…… 오랜 고심 끝에 저는 마침내 이런 결론을 내렸습니다. 그래, 이건 하늘이 준 기회야. 두 번 다시 오지 않을……. 제니 정한테는 정말 미안한 일이지만…… 그 여자는 부유하고 능력 있는 여자니까 이깟 바이올린 하나 없다고 해도 죽지는 않을 거야. 물론 그녀가 신체의 일부처럼 아끼고 소중하게 여기는 명품 바이올린이니만큼 그녀 역시 상당한 충격과 후유증을 겪겠지만…… 몇 년 후 내가 다시 사업에 재기하고 성공하면 그때 찾아가서 용서를 빌어도 늦지 않잖아? 물론 제니 정이 잃어버린 바이올린도 다시 돌려주고 말이야…….

저는 애써 제 자신을 합리화시키고 정당화시키며 그렇게 마음을 굳혔습니다.

그럼 이 바이올린을 어떻게 돈으로 만든다? 장물업자에게 넘기나? 아니면 고가의 골동품을 취급하는 골동품상에? 아냐, 차라리 제니 정에게 전화를 걸어 거래를 제의하는 편이 더 좋겠군. 내가 우연히 당신의 바이올린을 가지고 있게 됐는데 당신의 바이올린을 돌려주는 대가로 당신은 나에게 얼마의 대가를 지불할 거냐?…….

저는 제 나름대로 완전 범죄를 하기 위한 시나리오를 짜느라 해가 뉘엿해지는 것도 잊은 채 한강변에서 시간을 보냈습니다. 어떻게 하면 좀 더 많은 돈을, 좀 더 수월하게 건네받을 수 있을까 하는 고민을 하다 보니 저도 잘 모르는 사이 어느새 그렇게 훌쩍 시간이 흘렀던 것입니다.

저는 마침내 인적이 드문 한강변의 한 공중전화 부스에서 제니 정에게 협박 전화를 했습니다. (그녀와 통화하기까지 약간의 우여곡절을 겪긴 했지만 몇몇 클래식 음악 잡지사와 제니 정의 공연 기획사를 통해 저는 그녀가 묵고 있는 호텔이며 그녀와 통화할 수 있는 휴대폰 번호를 알아낼 수 있었습니다.)

『당신의 바이올린은 제가 잘 보관하고 있으니 걱정 마십시오…….』

저는 바이올린을 볼모로 제니 정에게 거래를 제의했습니다. 마치 어린이를 인질로 돈을 요구하는 유괴범처럼 말입니다. 마음이 편친 않았습니다. 돈에 눈이 멀어 수화기를 들긴 했지만 거의 패닉 상태에 빠져 있는 제니 정의 목소리를 들으니 양심의 가책 때문에 이제라도 제니 정에게 바이올린을 돌려주고 싶은 생각이 들더군요. 하지만 저는 암담하기 그지없는 저와 요한이의 미래를 위해 이를 악물고 저의 요구 조건을 제시했습니다.

『……돈을 준비하려면 약간의 시간이 필요할 테니까 딱 하루의 시간을 드리겠습니다. 그리고 미리 경고하는데, 경찰에게 신고한다든가 하는 그런 어리석은 행동은 삼가 하십쇼. 그렇게 되면 제가 보관하고 있는 이 악기를 다시는 못 보게 될 테니까. 그럼 곧 다시 연락드리겠습니다…….』

저는 제가 무슨 소리를, 어떻게 지껄였는지도 잘 기억하지 못한 채 전화 부스를 뛰쳐나왔습니다. 얼마나 떨리고 긴장을 했던지 온 몸에서 식은땀이 줄줄 흐르는 게 간이 다 오그라 붙는 것 같았습니다. 도대체 지금 내가 무슨 짓을 하고 있는 거야? 아무리 힘들어도 이건 아니잖아? 그래, 지금이라도 전화를 해서 잘못했다고 용서를 빌고 바이올린을 돌려주자. 가슴 한구석에 조그맣게 몸을 움츠리고 있던 양심이란 놈이 다시금 머리를 비쭉 들더군요. 하지만 저는 이내 머리를 저었습니다. 돌았어? 전화라도 안 했으면 모를까 협박까지 해놓고 지금 와서 이런다고 그 죄가 없어질 줄 알아? 넌 이미 심각한 범죄를 저질렀어. 이왕 엎지른 물이니까 끝까지 밀고 나가!

저는 마치 뭉크의 그림에 나오는 사람처럼 공포에 질린 얼굴로 괴로워했습니다. 우연찮게 굴러 들어온 행운을 발로 걷어 찰 수 없다는 욕심 때문에 결코 용서 받기 어려운 죄를 저지르긴 했지만 저는 치매에 걸린 사람처럼 제가 무슨 짓을 한지도, 앞으로 무슨 행동을 어떻게 해야 할지도 잘 인식하지 못한 채 두려움에 떨었습니다. 엉망으로 엉킨 실타래처럼 제 머릿속은

온통 선과 악, 죄와 벌에 대한 생각으로 뒤죽박죽이었습니다…….

바로 그때였습니다. 제 휴대폰으로 한나 선생님이 보낸 한 통의 문자 메시지가 들어왔습니다.

「아직 일 하시고 계시나 봐요? 일 때문에 아무래도 못 오시나 보죠? 바쁘시더라도 오셨으면 요한이가 무척 자랑스러우실 텐데……. 좀 늦더라도 일 끝나시는 대로 곧장 교회로 오셔서 저희와 함께 즐거운 시간을 가졌으면 좋겠네요. 주님의 축복이 항상 당신과 함께 하시길 축원합니다.」

돈과 양심 사이에서 천당과 지옥을 오가며 어쩔 줄 몰라 하던 저는 한나 선생님의 메시지 때문에 까맣게 잊고 있던 요한이 생각으로 마음이 조급해졌습니다. 일단 요한이와 함께 안전한 곳으로 피신해 있어야겠다는 생각이 들더군요. 바이올린을 돌려줄 것인지 아니면 계속 바이올린을 미끼로 돈을 요구할지는 잠시 뒤로 미루고, 요한이와 함께 한 며칠 지방에서 몸을 숨기고 있는 게 최선일 것 같았습니다. 정황상 바이올린을 분실한 제니 정이 벌써 경찰에 신고를 했을 공산이 컸고, 그랬다면 벌써 경찰이 그 노숙자와 저를 찾아 나서고 있을 게 불을 보듯 뻔했으니까요.

한강변을 나온 뒤, 저는 택시를 잡아타고 요한이가 있는 교회로 달려갔습니다.

시계를 보니 교회에서는 지금쯤 한창 크리스마스 행사가 진행 중일 시각이었습니다.

사람이란 역시 죄를 짓고 살게 못 되더군요. 십자가가 걸린 교회 마당으로 들어서는 순간, 저는 마치 선악과를 따먹고 난 직후의 아담처럼 심한 죄책감과 수치심으로 몸을 떨었습니다. 앞서 밝혀두었다시피 저는……, 여러 가지 힘든 인생의 시련을 겪으면서 그동안 애써 하나님을 부정하고 외면하며 살아왔습니다. 그러나 어린 시절 내내 교회란 곳에서 떼려야 뗄 수 없는 환경에서 살았고, 또 한때나마 목회자를 꿈꾸었을 만큼 하나님의 살뜰한 자녀였던 저로서는 아무래도 교회로 들어서는 일이 무척 죄스럽고 불경스럽게 느껴졌던 것입니다. 더욱이 저는 그동안 지은 죄를 회개하고 하나님과의 관계를 회복하려 온 게 아니라, 오히려 하나님의 집에 도둑질을 하러 들어온 강도나 마찬가지였으니까요.

저는 교회 현관을 지나 크리스마스 행사가 열리고 있는 3층의 교육관으로 뛰어올라갔습니다. 예상했던 대로 그곳에는 크리스마스 이브를 맞아 주 예수 그리스도가 이 땅에 오심을 축하하고 경배하는 크리스마스 특별 행사가 한창 진행 중이더군요. 교육관 안에는 어린이 선교원에 다니는 학부형들과 이런 저런 교회 성도들, 그리고 교회의 잔치에 초대 받은 쪽방촌 주민들이 한데 모여 교회 어린이들과 청소년들이 마련한 찬양 대회를 보며 즐거운 시간을 보내고 있었습니다.

그 광경은 크리스마스 때면 늘 보던, 어린 시절부터 교회서 자라온 제게는 너무나 익숙한 풍경이었습니다. 하지만 오늘따라 왜 그렇게 교회 성도들의 모습이 행복하고 부럽게 보이던지요? 저는 마치 초대 받지 못한 잔치에 몰래 침입한 불청객처럼 그들과 섞이지 못한 채, 교회 구석의 커튼 뒤에 몸을 숨기고 요한이를 찾아 두리번거렸습니다. 무대 뒤에서 공연을 준비 중인지 요한이의 모습은 퍼뜩 눈에 띄지 않았습니다.

어떻게 하지? 빨리 요한이를 데려가야 하는데…… 저는 마스크와 모자로 얼굴을 가린 채 초조한 얼굴로 요한이가 있을 법한 무대 뒤의 대기실 쪽으로 가보았습니다. 대기실에는 다음 순서를 기다리는 아이들이 곧 있을 공연에 참여하기 위해 목을 가다듬거나 떠들썩하게 잡담을 나누고 있었습니다. 요한이가 보이지 않기에 요한이 또래로 보이는 아이 한명에게 물어보니 방금 요한이의 담당 교사인 한나 선생님이 요한이와 몇 명의 꼬맹이들을 데리고 화장실 쪽으로 갔다더군요.

『걔네들 지금쯤 저희 선생님한테 무지 혼나고 있을 걸요. 다른 애들이 요한이를 병신이니 바보니 하고 막 놀리고 괴롭혔거든요. 그래서 요한이는 막 울고…….』

허둥지둥 복도 끝에 있는 화장실 쪽으로 가자, 꼬마 녀석의 말대로 한나 선생님이 요한이를 놀리고 괴롭힌 녀석들을 엄하게 꾸짖고 있더군요. 요한이는 한나 선생님의 곁에서 어깨를 들썩이며 서럽게 울고 있고 말입니다. 요한이가 울고 있는 모습을 보자 당장이라도 뛰어들어 요한이를 괴롭힌 녀석들을 혼내 주고 싶었습니다. 하지만 아무래도 제가 끼어들 상황은 아닌 것 같아 저는 화장실 밖에 몸을 숨긴 채 몰래 화장실 안의 광경을 엿보고 있을 수밖에 없었습니다.

『너희들 정말 선생님한테 한번 혼나볼래? 응? 선생님이 그동안 몇 번이나 타일렀어? 요한이는 너희들과 달리 몸이 좀 불편한 친구니까 너희들이 다른 친구들보다 더 다정하고 따뜻하게 대해줘야 된다고 얼마나 그랬어! 대답해봐. 선생님이 그랬어 안 그랬어?』

『그랬어요…….』

『잘못했어요…….』

『용서해주세요…….』

『더군다나 오늘이 무슨 날이야? 다른 날도 아니고 오늘 같은 날까지 친구를 놀리고 괴롭히면 예수님께서 얼마나 슬퍼하시겠니? 응? 너희들 다 천국 가기 싫어? 불지옥에 떨어지고 싶어?』

꼬맹이들에게 눈물이 쏙 빠질 정도로 꾸지람을 한 다음, 한나 선생님이 요한이를 괴롭힌 꼬맹이들과 요한이를 화해시켰습니다.

『자, 빨리 한 명씩 사과하고…… 악수해. 성태 니가 제일 많이 놀렸다니까 너부터 사과해. 어서.』

『요한아, 미안해…… 다음부턴 다신 안 놀릴게…….』

친구들이 내미는 손을 잡고 사과를 받아들이긴 했지만 서러움이 완전히 가시지 않은지 요한이는 계속해서 어깨를 들썩이며 울먹이고 있었습니다.

『됐어. 너희들은 그만 가봐. 다음부터 요한이를 또 놀리고 싸우고 그러면 선생님한테 정말 크게 혼난다. 알겠지?』

꼬맹이들이 대기실로 돌아가고 난 뒤에도 요한이의 울먹임이 잦아들지 않자, 한나 선생님이 요한이를 안고 등을 토닥여 주더군요.

『괜찮아. 울지 마. 저 녀석들은 나중에 선생님이 따로 불러서 따끔하게 혼내줄 테니까……그만 그쳐. 뚝! 조금 있으면 니 차롄데 계속 이러면 어떡해.』

요한이가 울음을 삼키려 노력하며 서러운 목소리로 말했습니다.

『선생님, 아이들 말처럼 전 아무도 사랑하지 않는 아이인가봐요. 하나님도 그렇고 아빠도 그렇고…… 절 버리고 떠난 엄마도 그렇고…….』

『아냐. 그건 니가 잘못 알고 있는 거야. 하나님이나 아빠나 엄마나 세 분 모두 다 요한이를 너무 사랑하셔. 세상 누구보다…… 다만…….』

『아네요. 다 거짓말이에요! 안 그러면 하나님께서는 왜 다른 아이들처럼 저도 정상적으로 태어나지 못하게 하신 거예요? 그리고 또 우리 아빠 엄마는 왜 다른 아이들의 부모님처럼 이런 중요한 날에도 저랑 같이 있어주지 못하는 거예요? 왜요?』

『아냐, 아냐. 그건 말이다…….』

요한이가 상처 받지 않게 조근조근 달래는 한나 선생님의 얘기를 엿듣고 있자니 정말이지 가슴이 찢어질 듯 아팠습니다. 못난 애비 탓에 그동안 요한이가 받았을 상처를 생각하니 눈물이 앞을 가리더군요.

『……무슨 말인지 선생님 한 말 다 알아 듣지? 요한이는 머리도 좋고 어른스러우니까 선생님이 하는 말을 다 알아들었을 거야. 그렇지?』

『네에…….』

『자아 그럼 우리 기도할까? 공연을 무사히 잘 할 수 있게 해달라고 하고 또 요한이의 소원대로 아빠께서 다시 하나님 앞으로 돌아오게 해달라고 선생님이랑 같이 기도 하자…….』

요한이가 하는 기도를 엿들으며 저는 쥐구멍이라도 찾고 싶은 심정이었습니다. 요한이의 기도 내용이 대체 어땠는지 아십니까? 어느 새부터인가 하나님의 품을 떠난 제가 회개를 하고 하나님의 품으로 돌아오는 것이었습니다. 자나 깨나 주님을 찾던 할머니 영향으로 요한이의 신심이 어린아이답지 않게 두텁다는 걸 모르고 있진 않았지만, 막상 녀석의 입을 통해 아빠를 걱정하는 녀석의 기도를 들으니 뭐라 말할 수 없는 부끄러움과 함께 눈물이 왈칵 쏟아지더군요.

『자, 빨리 세수하고 무대에 올라갈 준비하자. 곧 우리 차례니까.』

눈물로 더럽혀진 요한이의 얼굴을 닦아주고 있는 한나 선생님의 모습을 뒤로하고 저는 다시 공연이 펼쳐지고 있는 교육관 안으로 들어갔습니다. 아무리 급해도 그 상황에서 염치없이 요한이를 데리고 나올 수는 없는 노릇이었으니까요.

앞서 펼쳐지고 있던 다른 팀들의 찬양이 끝나고 마침내 요한이의 차례가 되었습니다.

진행을 맡고 있는 젊고 예쁜 여 교사가 요한이와 은혜 양이 꾸밀 무대를 소개했습니다.

『다음은…… 좀 특별한 무대입니다. 유치반 김요한 군과 이은혜 양의 무대로…… 두 명 다 몸이 불편한 꼬마 친구들인데 주님을 위해 아름다운 찬양을 준비했다고 하네요. 여러분들의 큰 격려 박수를 바랍니다.』

무대 위로 나서는 요한이와 은혜(은혜는 앞을 못 보는 시각 장애인이었습니다.) 양을 보며 저는 순간적으로 두 아이를 무대 위로 올린 한나 선생님에 대한 적의를 느꼈습니다. 「장애인들도 맘만 먹으면 얼마든 일반인보다 더 잘할 수 있다」는 식으로 그럴싸하게 포장을 하긴 했지만 장애를 가진 두 아이에게 이런 무대를 마련하게 한 뒤에는 두 아이의 장애를 팔아 뭔가 정치적이고 세속적인 이익을 바라고 한 게 아닌가 하는 의심에서 말이죠.

『두 꼬마 친구가 연주할 곡목은……「유 레이즈 미 업」. 두 꼬마 친구들이 떨지 않고 잘할 수 있도록 다시 한 번 여러분들의 힘찬 격려의 박수를 부탁드립니다.』

요한이와 함께 시각 장애를 가진 은혜 양이 무대 앞으로 나올 때까지만 해도 객석의 반응은 그다지 호의적인 것이 못 되었습니다. 제가 너무 세상을 삐딱하게 보는 걸까요? 장애아들에게 있어 비교적 관대한 분위기를 가진 교회이니만큼 대놓고 업신여기거나 야유를 보내진 않았지만 대다수의 객석 분위기는 「날이 날인만큼 구색도 갖추고 뭔가 얄팍한 감동을 주려는 목적으로 두 아이의 순서를 마련한 것 같은데…… 근데 꼭 저렇게까지 할 필요가 있나?」 하는 듯한 뭔가 냉소적이고 마뜩찮아 하는 분위기였습니다.

when I'm down and, oh my soul, so weary
when troubles come and my heart burdened be
(내 영혼이 힘들고 지칠 때
괴로움이 밀려와 나의 마음을 무겁고 힘들게 할 때)

은혜 양의 피아노 반주에 맞추어, 드디어 요한이가 떨리는 목소리로 노래하기 시작했습니다.

then, I am still and wait in the silence

until you come and sit awhile with me

(당신이 내 옆에 와 앉으실 때까지

나는 여기서 조용히 당신을 기다립니다)

노래가 시작되고 얼마 지나지 않아 냉소적이었던 반응이 확연히 달라지기 시작했습니다. 다들 「어, 재들 봐라? 장난이 아닌데?……」 하는 분위기였습니다.

놀란 건 저 또한 마찬가지였습니다. 그저께 녀석의 노래를 들은 터라 녀석이 평소 제가 생각했던 것 이상으로 노래에 소질이 있다는 걸 알게 되었지만 저는 요한이의 목소리가 그처럼 맑고 청아했는지 비로소 그때에야 처음 알았습니다. 소리의 공명이 좋은 교회 건축 구조와 값비싼 음향 기계 탓인지 녀석의 노래는 그저께 밤에 듣던 것보다 훨씬 더 아름답고 감동적으로 들렸습니다.

you raise me up, so I can stand on mountains

you raise me up, walk on stormy seas

(당신이 일으켜 세워주시기에, 나는 산 위에 우뚝 서 있을 수

있고 당신이 일으켜 세워주시기에, 나는 폭풍우의 바다도 건널 수 있습니다)

사람의 가슴을 후벼 파는 가사의 내용과 애절한 곡조 때문이었을까요? 아니면 장애의 몸으로 열심히 찬양하는 요한이와 은혜 양 때문이었을까요? 그것도 아니면 낮부터 마신 소주로 오랫동안 잠자고 있던 제 감성이 센티멘털 해져서였을까요? 아무튼 요한이가 노래를 불러가는 동안 저는 왠지 모를 감동으로 눈시울이 뜨거워졌습니다.

바로 그때였습니다. 누가 볼까 창피하단 생각에 눈물을 감추려고 애써 시야를 천장 쪽으로 옮기는데, 요한이 녀석의 머리 위로 커다랗게 걸려 있는 십자가가 눈에 들어오더군요. 그리고 그와 함께 예수님의 모습이 흐르는 스크린 영상도요. 그래요, 요한이의 머리 위로 보이는 스크린에서는 「유 레이즈 미 업」의 한글 가사와 함께 2천여 년 전 우리의 죄를 씻기 위해 이 땅에 오시고, 우리의 죄를 위해 십자가에 못 박혀 돌아가셨다는 예수님이 처참한 몰골로 십자가에 걸려 있었습니다.

아아! 갑자기 제 가슴 속에 성령님이라도 임하신 걸까요? 가시 면류관을 쓴 채 피 흘리고 있는 예수님의 모습을 보자, 제 눈에서는 마치 최루탄을 맞은 사람처럼 주체할 수 없는 눈물이 쏟아져 내렸습니다. 드라큘라 영화에 나오는 드라큘라처럼 십자가를, 예수님을 똑바로 볼 수가 없더군요!

그랬습니다. 세상에 대한 원망과 미움으로 언제부터인가 교회를, 주님을 애써 부정하며 살아오고 있었지만 아직 세상의 더러움에 물들기 전이었던 어린 시절의 저는 세상 무엇보다 교회를, 예수님을 사랑하는 아이였던 것입니다! 무대 위에서 열심히 찬양하고 있는 요한이의 모습을 보면서 저는 문득 아득한 기억의 저편에서 잊고 있던 낡은 추억 하나를 떠올렸습니다. 그것은 아직 제가 요한이 정도의 나이밖에 안 되던 꼬맹이였던 시절, 오늘 이 자리처럼 성탄 전야에 있었던 추억이었습니다. 그때 저는 지금 무대에서 노래하고 있는 요한이처럼 어린이반 대표로 「나 같은 죄인 살리신」이란 찬송을 불러 1등상을 타게 되었는데, 수상 소감을 묻는 사람들에게 저는 장래 목회자가 되는 게 꿈이고 평생 불우한 이웃과 주님을 섬기며 사는 게 소원이라고 할 만큼 신심이 깊었던 아이였던 것입니다. 아, 그때의 깨끗하고 순수한 마음을 가졌던 저에 비하면 지금의 저는 얼마나 더럽고 추악한 인간이던지요!

「나 같은 죄인 살리신 주 은혜 놀라와 잃었던 생명 찾았고 광명을 얻었네…….」

어느새 저는 그 옛날 제가 어릴 적 좋아했던 찬송의 한 구절을 떠올리며 어린아이처럼 흑흑 느껴 울고 있는 저를 발견했습니다. 눈물을 흘리면서 저는 오랜 기간 제 가슴 속 어딘가에서 꽉 막혀 있던 어떤 응어리 같은 것들이 한꺼번에 뭉텅, 뭉텅 빠져 나가는 느낌이 들었습니다.

I am strong, when I am on your shoulders
you raise me up, to more then I can be
(당신이 떠받쳐줄 때 나는 강인해집니다
당신이 나를 일으켜, 나보다 더 큰 내가 되게 합니다)

저는 요한이가 부르는 노랫말을 곱씹으며 조그맣게 기도했습니다. 주님! 당신이 저의 어깨 위에 앉아서 제가 강한 사람이 될 수 있도록 도와주세요. 당신이 저를 일으켜 세워 좀 더 큰 내가 될 수 있도록…….

그렇다고 제가 누구처럼 갑자기 저의 죄를 회개하고 하나님 품으로 다시 돌아왔다거나 그런 얘기는 아닙니다. 하지만 적어도 요한이 녀석에게 더 이상 부끄러운 아빠가 되어서는 안 되겠단 생각이 들더군요. 아들 녀석은 천형과도 같은 장애를 겪으면서도 저렇게 하나님을 믿고 찬양하고 감사하며 사는데, 아빠란 작자는 기껏 남의 물건을 도둑질할 생각이나 하고 자살할 생각이나 하다니요!

감동을 받기는 다른 사람들도 마찬가지인 모양이었습니다. 노래가 끝날 때쯤 되자 다들 손수건으로 눈물을 찍어내거나 코끝이 빨개진 얼굴이더군요.

I am strong, when I am on your shoulder
you raise me up, to more then I can be
(당신이 떠받쳐줄 때 나는 강인해집니다
당신이 나를 일으켜, 나보다 더 큰 내가 되게 합니다)

은혜 양과 요한이의 연주가 끝나자마자 사람들의 환호와 갈채가 쏟아지더군요. 몇몇 사람들은 두 꼬마 친구의 연주에 감동을 받아 앙코르를 연호하며 기립 박수를 치기까지 하더군요.

뺨을 타고 흘러내린 뜨거운 눈물을 훔치면서 저는 슬며시 교회 복도로 빠져 나왔습니다. 생각 같아서는 당장이라도 무대 뒤로 달려가 녀석을 힘껏 안아주고 녀석에게 잘못을 빌고 싶었지만 그 전에 저에겐 잠깐 할일이 있었습니다. 저는 제니 정의 휴대폰으로 다시 전화를 걸었습니다.

『아까 전화했던 사람입니다. 다름이 아니라 바이올린을 돌려드리고 싶습니다. 아니, 돈은 필요 없구요. 아깐 제가 잠시 생각을 잘못 했던 것 같습니다. 대신 자세한 말씀은 이따 찾아뵙고 말씀 드릴 테니 저에게 1시간만 시간을 주세요. 1시간 후에 틀림없이 제가 바이올린을 갖다 드리겠습니다…….』

그렇습니다. 요한이를 만나고 난 뒤에 제니 정 측에 연락을 할 수도 있었지만 저는 더 이상 부끄러운 아빠가 아닌, 떳떳한 아빠의 모습으로 요한이를 만나고 싶었던 것입니다.

『제가 지은 죄는 이따 찾아뵙고 사죄를 드리겠습니다. 그럼 이만…….』

전화를 끊은 후, 저는 요한이가 퇴장한 무대 뒤로 달려갔습니다.

『어, 아빠!』

저를 보자마자 요한이가 환한 얼굴로 제 품으로 달려와 안겼습니다.

『아빠 언제 왔어? 저 노래하는 거 보셨어요?』

『그래, 그래…….』

저는 요한이를 으스러져라 끌어안았습니다. 아이 앞에서 눈물을 보이기 싫었지만 저도 모르게 다시금 울음이 터져나오더군요.

『아빠 왜 그래? 왜 울고 그래?』

『아냐, 아빠가 너한테 미안한 게 많아서 그래…… 아빠가 정말 너한테 미안하게 많다…….』

『괜찮아. 지금이라도 이렇게 왔으면 됐지 뭐. 그리고 어디선가 들은 건데 사랑하는 사람끼린 서로 미안하단 말을 않는 거래요.』

『그래, 그래…….』

한나 선생님에게 감사의 인사를 드린 후, 저는 요한이와 함께 교회 복도에서 잠시 얘기를 나눴습니다. 마음 같아서는 당장 요한이와 함께 어디 근사한 패밀리 레스토랑에라도 가서 생일 파티라도 열어주고 싶었지만 요한이의 생일 파티는 잠시 미룰 수밖에 없는 상황이었습니다. 저는 약속한대로 한시 바삐 제니 정의 바이올린을 돌려주러 가야 했으니까요.

『요한아. 여기서 조금만 기다려 알았지? 아빠가 어디 좀 갔다가 금세 돌아올 테니까.』

『응, 알았어. 대신 방금 나랑 한 약속 꼭 지켜야 돼. 저녁 예배 보고 선생님이랑 같이 생일 파티 하기로 한 거 말이야.』

『그래, 그러자.』

저는 요한이의 볼에 입을 맞춘 후, 교회 마당으로 뛰어 내려갔습니다.

막 교회 현관을 지나 교회 마당으로 내려설 때였습니다. 바로 그때 한 대의 경찰차(형사 기동대라고 쓰인 승합차였습니다.)와 함께 두어 대의 승용차가 교회 마당으로 황급히 들어섰습니다.

『!…….』

저는 본능적으로 그 차들이 저를 잡으러 온 차들이라는 것을 알 수 있었습니다.

아니나 다를까, 이윽고 차문이 열리면서 형사로 보이는 몇 명의 건장한 사내와 함께 제니 정, 그리고 아침에 만났던 그 노숙자가 차에서 내리더군요. 노숙자가 저를 가리키며 소리쳤습니다.

『맞아요! 저 사람이에요! 저 사람!』

저는 할 말을 잃은 채 제 앞으로 다가오는 형사들과 제니 정의 얼굴을 멍하니 쳐다보고만 있었습니다.

경찰들의 수갑이 제 팔목에 채워지는 순간, 저는 어쩌면 감옥살이를 해야 할지도 모른다고 생각했습니다. 나쁜 마음을 고쳐먹고 결국 바이올린을 돌려주겠다는 결심을 전하긴 했지만 그렇다고 앞서 제가 제니 정을 협박한 죄가 없어지지는 않을 테니까요.

『정말 죄송합니다. 처음부터 나쁜 마음을 먹을려고 그랬던 건 아닌데…… 근데 믿으실지 모르겠지만 지금 막 바이올린을 돌려 드리러 가는 길이었어요. 이건 정말입니다.』

저는 제니 정과 저를 잡으러 온 사람들 중 가장 계급이 높아 보이는 수사관(수사관들끼리의 대화를 통해 저는 그 사람이 검사라는 사실을 알 수 있었습니다. 나중에 안 일이지만 제니 정과 평소 친분이 있는 검사라고 하더군요.)에게 선처를 부탁했습니다. 양심을 파느니 차라리 감옥이 낫다는 생각으로 회심을 하긴 했지만 막상 수갑을 찬 채 경찰서로 끌려가야 할 상황이 되니 왠지 모르게 억울하기도 하고 두려운 생각이 들더군요.

『제발, 이번 한 번만 용서해 주십시오. 한 번만 용서해 주시면 오늘 일을 거울삼아 정말 열심히 살겠습니다…….』

어떻게 해야 될지 몰라 황 검사의 눈치를 보는 제니 정을 대신해 황 검사가 소리쳤습니다.

『용서? 이봐요, 아저씨. 이게 말로 잘못했다고 해서 해결될 일이에요? 당신이 뭘 잘 몰라서 그러나본데…… 당신이 얼마나 큰 죄를 저질렀는지 알아요? 당신 때문에 여기 계신 이 숙녀 분께서 얼마나 놀라고 애를 태웠는지 아느냐 말이에요? 하긴 당신 같이 무식한 사람들이 뭘 알겠어?…….』

저랑 거의 10살 정도의 차이가 날 정도로 젊은 검사의 호통에 낯이 홧홧거렸지만, 저는 제니 정과 황 검사에게 다시 한 번 머리를 조아렸습니다.

『죄송합니다. 정말 죽을죄를 지었습니다. 이번 한번만 용서해 주시면…….』

『이 사람 이거 진짜 뻔뻔하구만! 글쎄 그렇게 말로 잘못했다고 해서 간단히 해결될 문제가 아니라니까 자꾸 그러네. 좋아요, 딴 건 그렇다 치고 당신 때문에 여기 계신 숙녀 분이랑 다른 공연 관계자들의 정신적 금전적 피해가 얼마나 큰지 생각이나 해봤어요? 당신의 그 잘난 행동 때문에 오늘 저녁이랑 내일 저녁 있을 공연들이랑 다른 스케줄들이 줄줄이 다 펑크 나게 생겼단 말이에요. 아시겠어요?』

『죄송합니다. 짧은 욕심에 그만…….』

황 검사의 얘길 들으니 정말 제니 정을 볼 낯이 없더군요. 비록 몇 시간 동안이긴 하지만 바이올린을 잃어버림으로 해서 그녀가 받았을 정신적 충격과 이런저런 곤란함을 미루어 짐작

할 수 있었으니까요. 하지만 저를 원망하는 마음보단 바이올린을 다시 찾았다는 기쁨이 큰 탓인지 저를 보는 제니 정의 눈빛은 그리 야멸차거나 싸늘하지는 않았습니다. 그녀의 마음을 짐작할 순 없지만 바이올린을 무사히 찾은 이상 그녀는 굳이 저와 노숙자의 처벌을 바라지는 않는 것 같았습니다.

『하여튼 긴말 할 필요 없고…… 당신 같은 사람은 감옥에 가서 콩밥을 좀 먹어봐야 돼. 알아요? 자, 꾸물거리지 말고 빨리 차에 타요. 할 말 있으면 서에 가서 하고. 어이, 최 형사님 이 사람 이거 빨리 차에 태워요.』

『검사님 잠깐만요! 잠깐만 제 말 좀 들어주십시오.』

뜨악하게 바라보는 검사의 옷자락을 붙들고 제가 다시 한 번 사정했습니다. 어쩌면 제가 생각했던 것보다 훨씬 더 오랫동안 요한이와 헤어져 있을 수도 있다는 생각에 저는 속이 까맣게 타들어가는 것 같았습니다.

『죄송한 부탁이지만…… 저에게 두어 시간 정도의 시간만 주시면 안 되겠습니까? 그 다음은 검사님 말씀대로 어떤 벌이든 달게 받겠습니다…….』

저는 염치불구하고 제 사정에 대해서 짧게 얘기했습니다. 아들 녀석과 단 둘이 사는데 오늘이 아들 녀석의 생일이라는 것, 그리고 그 아들 녀석이 지금 이 교회 안에서 크리스마스 행사를 하고 있는데 행사가 끝난 뒤 아들 녀석과 간단한 생일 파티를 하기로 약속 했다는 것들을 말이지요…….

『젠장, 무슨 수사반장 찍는 것도 아니고…… 신파가 따로 없군. 그러니까 뭡니까? 애가 아빠의 부재를 잘 받아들일 수 있도록 설명도 해야 하니까…… 그런 시간을 좀 달라?』

『네, 염치없는 말인 줄 알지만…… 제발 좀 부탁드리겠습니다! 하늘에 걸고 맹세하는데 절대 도망을 친다든가 하는 짓은 하지 않겠습니다.』

측은한 표정으로 고개를 끄덕이는 제니 정과 달리 황 검사는 시큰둥한 표정으로 홰홰 손사래를 쳤습니다.

『아 시끄러워요 시끄러! 당신 사정이야 어떻든 그건 우리 알 바 아니고…… 일단 입 다물고 조용히 갑시다. 난 당신 같이 파렴치한 범죄자를 붙잡고 벌하는 사람이지 당신 같은 사람들 하소연 들어주는 사람이 아니니까.』

저는 형사들의 우악스러운 손길에 이끌려 경찰차 안에 실렸습니다. 죄를 지었으니 어떤 벌이든 달게 받는 게 마땅한 노릇이지만 제가 없는 동안 요한이를 누가 돌봐줄까 생각하니 정말이지 앞이 캄캄하더군요.

『자, 이제 그만 출발하죠. 형사님들이 먼저 피의자들 데리고 앞장서세요. 저는 제니 씨랑 제 차로 움직일 테니까.』

노숙자와 제가 실린 차가 교회 마당을 빠져 나가려고 천천히 움직일 때였습니다. 황 검사와 함께 승용차 쪽으로 가던 제니 정이 갑자기 제가 탄 경찰차 앞으로 뛰어오더니 차를 세우더군요.

『스톱! 잠깐만! 잠깐만요!』

죄는 밉지만 앞서 들었던 제 처지가 마음에 걸렸던 걸까요? 제 옆자리로 올라 탄 제니 정이 어리둥절한 표정을 짓고 있는 저에게 묻더군요.

『저어…… 몇 가지 궁금한 게 있는데…… 물어봐도 괜찮겠어요?』

『?』

『갑자기 왜 마음을 바꾸셨어요? 처음에는 돈을 요구하시더니…….』

『그건…….』

잠시 망설이던 저는 마침내 앞서 여러분들에게 들려드렸던 제 음울한 과거사와 함께 제가 나쁜 마음을 먹을 수밖에 없었던 상황들을 거짓 없이 진실하게 털어놓았습니다. 그리고 무엇보다 요한이가 교회에서 찬양 하는 모습들을 보면서 아들 녀석과 하나님에게 느꼈던 그러한 죄스럽고 부끄러운 감정들을요…….

『아아…… 그러셨군요…….』

도회적이고 도도해 보이는 외모와는 달리 제니 정은 무척 동정심이 많은 아가씨더군요. 제 말을 듣는 동안 줄곧 안타까운 표정으로 「오 마이 갓!」 「오 주여!」같은 탄식을 뇌까리며 고개를 주억이던 그녀가 마침내 얘기를 끝마친 제 손을 잡아주며 이런 따뜻한 위로의 말을 건네었습니다.

『너무 상심하지 마세요. 처음 돈을 요구했을 땐 무척 화가 났지만…… 얘기를 들어보니 다 이해가 가네요. 제가 선생님 처지였다 해도 선생님처럼 행동했을 거예요.』

『아닙니다. 저를 용서하지 마세요. 저는…….』

『아녜요, 너무 자책하지 마세요. 돌이켜보니까 이게 다 하나님께서 우리를 위해 준비하신 큰 사랑과 은혜 같으니까.』

『네?』

선뜻 무슨 뜻인지 이해하지 못해 의아해하는 저에게 제니 정은 떨리고 흥분된 목소리로 자신의 얘기를 들려주었습니다. 오늘 새벽부터 그때까지 자신에게 있었던 놀랍고도 경이로운 일들을 말입니다…….

『맙소사! 어떻게 그런 일이…….』

제니 정이 들려주는 이야기를 다 들은 후, 저는 한동안 꿈을 꾼 것처럼 정신이 멍했습니다. 그건 정말이지 하나님이 주관하신 기적이라고 밖에는 설명하기 힘든 놀라운 우연과 사건들의 연속이더군요.

『정말 놀랍죠? 저도 아직 잘 믿기지 않아요. 어떻게 당신과 제가 이런 사건을 계기로 서로 엮이고 이 자리를 통해 이런 말들까지 나누게 됐는지…….』

그러면서 제니 정은 저의 죄를 모두 용서하겠다고 했습니다. 오늘 일은 모두 없던 일로 하겠다고 말입니다.

『……그러니까 이제 저한테 너무 미안해하시지 마세요. 아니, 미안해하실 게 아니라 오히려 제가 감사드리고 싶어요. 중간에 마음고생을 심하게 하기도 하고, 오늘 공연을 부득이 할 수 없게 되긴 했지만 어쨌든 김 선생님 덕분에 무사히 바이올린을 되찾을 수 있었으니까 말이죠. 또 뭣보다 하나님이 얼마나 우리들을 사랑하고 계시는가 하는 기적을 몸소 체험하게 해주셨으니까 저한테 그렇게 미안해하시지 않아도 돼요.』

그리고는 제니 정과 제가 얘기를 나누는 동안 곁에서 무안하게 듣고 있던 황 검사에게 저의 선처를 부탁했습니다.

『저 부탁드리는데…… 이 분을 그냥 용서해주시면 안 될까요? 바이올린도 무사히 돌려받았고 웬만하면 전 그냥 없던 일로 하고 싶은데…….』

황 검사도 생각처럼 그리 정이 메마른 사람은 아니더군요. 직업의 특성상 피의자인 저에게 무척이나 차갑고 깐깐하게 굴긴 했지만 저의 선처를 구하는 제니 정의 부탁에 흔쾌히 고개를 끄덕였습니다.

『피해자가 선처를 부탁하니 특별히 이번 한번만 용서해주는 거니까…… 앞으로 절대 이런 짓 하지 마세요. 아무리 사는 게 힘들고 어렵더라도 남의 물건을 탐하면 안 되는 거예요. 아시겠어요?』

『죄송합니다…….』

『선생님 빨리 안으로 들어가 보세요. 요한이라고 했나요? 아이가 아빠를 무척 기다리고 있을 텐데…….』

『고맙습니다. 고맙습니다…….』

제니 정의 관용에 거듭 감사의 인사를 올린 후, 저는 요한이가 기다리고 있는 교회 안으로 부리나케 뛰어들어갔습니다.

제가 교회 안으로 다시 들어왔을 땐 얼추 크리스마스 행사가 거의 다 끝나가고 있는 상황이었습니다.

한 청소년 팀의 중창을 마지막으로 오늘 있을 행사의 모든 순서가 끝나고 참가자들이 모두 무대 위로 나오더군요. 그리고 이윽고 교회에서 마련한 간단한 상패와 상품을 수여하는 시상식이 시작되었습니다.

저는 요한이 녀석이 조그마한 상이라도 탔으면 좋겠다는 생각을 하며 은혜 양과 함께 무대 위에 서 있는 요한이 녀석을 향해 손을 흔들었습니다. 요한아, 아빠다! 여기야, 여기! 하지만 알록달록한 조명과 왁자지껄해진 객석의 분위기 탓인지 요한이는 객석 맨 끄트머리에 있는 저를 퍼뜩 찾아내지 못하더군요.

몇 팀의 참가자에게 크고 작은 상이 주어지고 이윽고 대상을 호명할 차례가 되었습니다. 아직 수상자에 호명 되지 않은 터라 저는 조마조마하는 마음으로 진행자의 수상 발표를 기다렸습니다.

『이제 마지막 대상만 남겨 놓고 있네요. 대상자가 발표되면 모두 큰 축하와 환영의 박수를 보내주세요. 자, 그럼 끝으로 오늘 성탄 축하 찬양 경연 대회의 대상에는…….』

차르르…… 하는 긴장된 드럼 소리에 맞추어, 잠시 뜸을 들이던 진행자가 마침내 오늘의 대상자를 호명했습니다.

『오늘의 대상자는…… 유치반의 김요한 군과 이은혜 양!』

순간 저는 저도 모르게 『할렐루야!』라는 탄식을 뱉으며 손바닥이 떨어져라 박수를 쳤습니다. 겨우 학예회 수준의 찬양 경연 대회였지만 몸이 불편한 요한이와 은혜 양이 다른 팀들을 제치고 대상을 받는 모습을 받는 모습을 보니 왜 그렇게 자랑스럽고 가슴 뿌듯하던지요!

『자, 그럼 오늘 이 대회는…… 두 꼬마친구의 앙코르 연주를 들으면서 모두 끝마치도록 하겠습니다. 여러분 감사합니다. 자, 박수.』

진행자의 요청에 따라 요한이와 은혜 양은 다시금 무대 앞으로 나서서 아까의 그 「유 레이즈 미 업」이란 노래를 연주하기 시작했습니다.

when I' m down and, oh my soul, so weary

when troubles come and my heart burdened be

(내 영혼이 힘들고 지칠 때

괴로움이 밀려와 나의 마음을 무겁고 힘들게 할 때)

바로 그때였습니다. 낭랑하게 울려 퍼지는 요한이의 노래 위로 어디선가 아름답기 그지없는 바이올린 소리가 들려오기 시작했습니다. 처음 저는 요한이의 뒤에 선 참가자 중 누군가가 바이올린 소리를 내는가보다 생각했었습니다. 아니었습니다! 그것은 다름 아닌 제니 정이 켜는 바이올린 소리였습니다! 어떻게 된 영문인지 알 수 없지만 그녀는 어느새 요한이의 곁에서 요한이의 노래에 맞추어 「유 레이즈 미 업」을 연주하고 있었던 것입니다!

오오, 정말이지 그때의 감동을 무슨 말로 다 형용할 수 있을까요? 저는 제니 정에게 듣지 않아도 제니 정이 왜 그 자리에 섰는지 알 수 있을 것 같았습니다. (앞서 들었던 제니 정의 연주와 신앙 고백 때문에 익히 아시고 계시겠지만 그녀는 요한이와 저를 위해, 그리고 오늘 일로 많은 것을 깨닫게 해준 하나님의 은혜에 보답하기 위해 무대 위로 올랐던 것입니다. 다른 많은 바쁜 일들을 뒤로 제쳐두고 말입니다.)

저는 제니 정에 대한 고마움과 하나님에 대한 감사로 가슴이 터질 것처럼 뻐근했습니다. 그것은 정말이지 이때껏 보아온 어떤 연주보다 아름다운 연주였고, 어떤 광경보다 아름다운 광경이었습니다.

요한이와 은혜, 그리고 제니 정이 연출하는 아름답고 감동적인 연주를 들으며 저는 다시금 무대 뒤편으로 커다랗게 걸려 있는 십자가를 바라보았습니다. 왠지 모를 뜨거운 불덩이 같은 게 가슴에서 솟구쳐 저는 저도 모르게 땅바닥에 무릎을 꿇었습니다. 오 주여! 제가 무엇이건대 당신은 저를 이토록 사랑하시는 겁니까? 저는 당신을 버렸지만 당신은 저를 버리지 않으셨군요!…… 저는 우리를 구원하기 위해 죄 많은 이 땅에 오시고, 우리의 죄를 씻기 위해 십자가에 못 박혀 돌아가신 예수님의 삶을 생각하며 다시 한 번 뜨거운 참회와 감사의 눈물을 흘렸습니다. 그리고 두 손을 꼭 모은 채 요한이가 부르는 노래를 나지막이, 뜨거운 마음으로 따라 불렀습니다.

I am strong, when I am on your shoulder
you raise me up, to more then I can be
(당신이 떠받쳐줄 때 나는 강인해 집니다
당신이 나를 일으켜, 나보다 더 큰 내가 되게 합니다)

〈끝〉